U0865389

“十二五”职业教育国家规划立项教材

成本业务核算同步训练

Chengben Yewu Hesuan Tongbu Xunlian

（第二版）

詹朝阳　主编

高等教育出版社·北京

内容提要

本书是“十二五”职业教育国家规划立项教材《成本业务核算》（第二版）（ISBN 978-7-04-054165-6）的配套用书。

本书以《小企业会计准则》等现行财经法律法规为依据，按照主教材各任务的顺序编写。每个任务由学习框架、学习建议、关键概念和同步训练四个专栏组成。其中同步训练包括的题型有单项选择题、多项选择题、判断题和综合题。同时，书后还提供了综合题的训练用纸。

本书配有学习卡资源，可浏览或下载同步训练的参考答案。详细使用方法见“本书配套的数字化资源获取与使用”页。

本书可作为职业教育会计专业或相关专业“成本业务核算”或“成本会计”课程的配套用书，也可作为会计从业人员岗位培训或自学用书。

图书在版编目（CIP）数据

成本业务核算同步训练 / 詹朝阳主编. -- 2版. -- 北京 : 高等教育出版社，2021.3（2022.12重印）
ISBN 978-7-04-055535-6

Ⅰ. ①成… Ⅱ. ①詹… Ⅲ. ①成本计算-中等专业学校-习题集 Ⅳ. ①F231.2-44

中国版本图书馆CIP数据核字(2021)第025990号

策划编辑 刘 睿　　责任编辑 刘 睿　　封面设计 张 志　　版式设计 杨 树
插图绘制 黄云燕　　责任校对 王 雨　　责任印制 刘思涵

出版发行 高等教育出版社
社 址 北京市西城区德外大街4号
邮政编码 100120
印 刷 北京玥实印刷有限公司
开 本 787 mm×1092 mm 1/16
印 张 15.75
字 数 310 千字
购书热线 010-58581118
咨询电话 400-810-0598
网 址 http://www.hep.edu.cn
http://www.hep.com.cn
网上订购 http://www.hepmall.com.cn
http://www.hepmall.com
http://www.hepmall.cn
版 次 2017 年 10 月第 1 版
2021 年 3 月第 2 版
印 次 2022 年 12 月第 2 次印刷
定 价 33.60 元

本书如有缺页、倒页、脱页等质量问题，请到所购图书销售部门联系调换
版权所有 侵权必究
物 料 号 55535-00

本书配套的数字化资源获取与使用

Abook 教学资源

本书配套同步训练参考答案，请登录高等教育出版社 Abook 网站 http://abook.hep.com.cn/sve 获取。详细使用说明见本书“郑重声明”页。

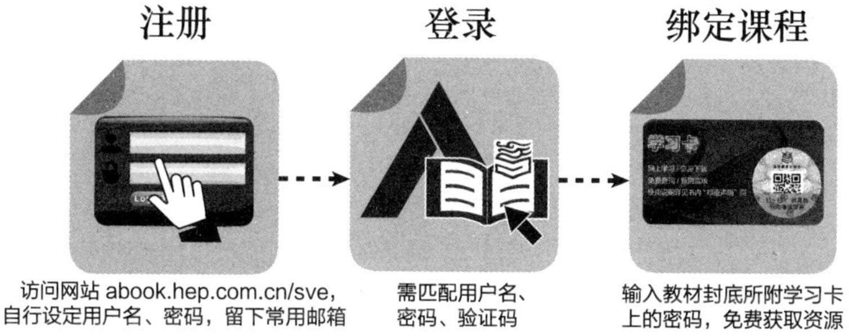

扫码下载 APP

第二版前言

《成本业务核算》主教材在第一版的基础上修订为第二版，与之配套的同步训练也需要做相应的修订和完善。本书可与《成本业务核算》(第二版)(ISBN 978-7-04-054165-6)结合学习使用。

本书内容结构仍与主教材保持同步。本次修订着重做了以下工作：

(1) 修改了发生变化的成本业务核算，如增值税一般纳税人适用税率的调整、个人所得税的计算等。

(2) 对原书中的疏漏进行了补充和修改。

为了方便教师教学和学生自主学习，本书配有学习卡资源，详细使用说明见“本书配套的数字化资源获取与使用”页。

本书由福建经济学校正高级讲师詹朝阳任主编，并在第一版基础上全面负责全书的修订工作。

由于编者水平有限，错误之处在所难免，敬请读者批评指正。书中模拟企业的名称、工作人员姓名等均经过适当处理，如有雷同，纯属巧合。读者意见反馈信箱:zz_dzyj@pub.hep.cn。

编　者

2020 年 8 月

第一版前言

为了更好地方便广大的“成本业务核算”或“成本会计”课程任课教师实施教学，更好地帮助学生理解和掌握本课程的基本知识和基本技能，正确处理企业日常成本业务，我们编写了这本与《成本业务核算》(ISBN 978-7-04-046721-5)相配套的同步训练。

本书以《小企业会计准则》等现行财经法律法规为依据，按照主教材各任务的顺序编写。每个任务由学习框架、学习建议、关键概念和同步训练四个专栏组成。

- 学习框架——梳理本任务的知识维度。
- 学习建议——对本任务的基本知识或基本技能提出参考性学习意见。
- 关键概念——学习本任务后必须掌握的名词解释。
- 同步训练——作为本任务学习后的巩固训练，基本题型有单项选择题、多项选择题、判断题和综合题。说明：书中各模拟企业的名称、工作人员姓名均经适当处理，如有雷同，纯属巧合。

本书由福建经济学校詹朝阳担任主编。编写人员具体分工为：詹朝阳编写任务1~6,10~12；海南省财税学校何洪编写任务7；四川省商贸学校杨丽君编写任务8；四川省自贡职业技术学校叶桂珍编写任务9。

本书配有学习卡资源，可浏览或下载同步训练的参考答案。详细使用方法见本书“郑重声明”页，或封底手机扫码。

由于编者水平有限，书中难免有欠妥之处，敬请读者批评指正。读者意见反馈信箱：zz_dzyj@pub.hep.cn。

编　者

2017年5月

目　录

任务 1　费用与成本

学习框架

本任务的学习框架如图 1 所示。

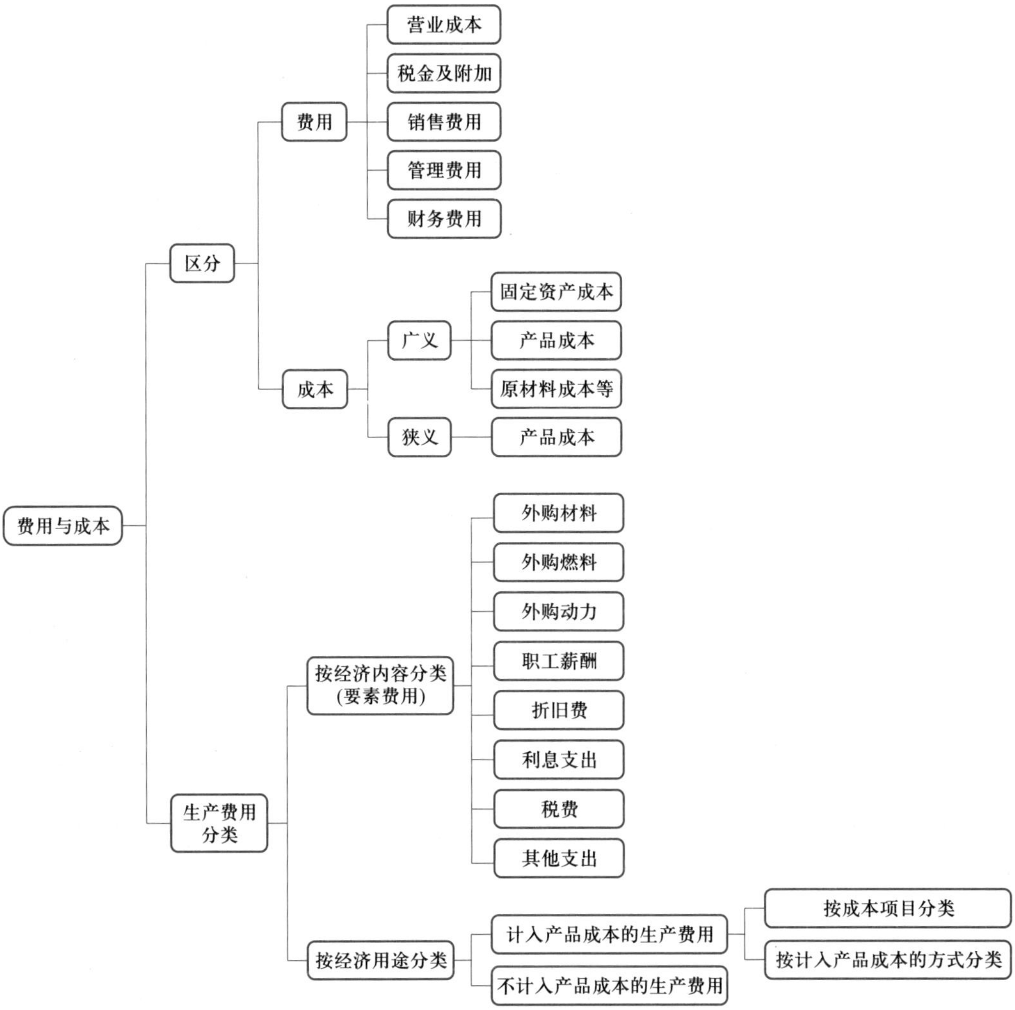

图 1　任务 1 的学习框架图

学习建议

"成本业务核算"是一门技能型会计专业课程,特别强调学以致用和创新精神。学习本课程不仅要学习成本核算基本知识和基本方法，而且更为重要的是要运用这些知识和方法解决实际问题。因此，在复习“会计基础”课程关于会计要素分类相关内容的基础上，可用思维导图搭建划分费用与成本的图示，正确理解广义成本和狭义成本，以及产品成本向费用转化的关系。用思维导图罗列生产费用分类，从“谁受益，谁负担”角度，着重理解生产费用按经济用途的分类。

关键概念

1. 费用

费用是指企业在日常活动中发生的、会导致所有者权益减少、与向所有者分配利润无关的经济利益的总流出，如销售费用、管理费用、财务费用等。

2. 广义成本

广义成本，是指为过程增值或结果有效已付出或应付出的资源代价，如固定资产成本、产品成本、原材料成本等。

3. 狭义成本

狭义成本，通常是指产品成本。产品成本的开支范围包括：产品生产过程中消耗的各种材料的成本，产品生产工人的职工薪酬，产品生产因使用固定资产所发生的折旧费、修理费、租赁费等，产品生产因使用低值易耗品和无形资产所发生的摊销费，以及其他与产品生产有关并应计入产品成本的支出等。

4. 生产费用

生产费用是指企业一定时期内在生产产品或提供劳务过程中发生的各种耗费，也就是企业日常生产经营支出。

5. 要素费用

要素费用是指按经济内容分类的各项生产费用，如外购材料、外购燃料、外购动力、职工薪酬等。

6. 成本项目

成本项目也称产品生产成本项目或产品成本项目，是指对计入产品成本的生产费用做进一步划分的项目。制造业企业一般设置直接材料、直接人工、制造费用等成本项目。

7. 直接计入费用

直接计入费用是指能够分清哪种产品所耗用，可直接计入该种产品成本的生产费用。

8. 间接计入费用

间接计入费用是指为几种产品共同耗用，不能直接计入某种产品成本的生产费用。

同步训练

一、单项选择题（将正确答案前面的英文字母填在括号内。后面各章单项选择题答法同此）

1. 企业一定时期内在生产产品或提供劳务过程中发生的各种耗费，称为（　　）。

A. 生产费用　　B. 经营管理费用

C. 管理成本　　D. 产品成本

2. 属于工业企业产品生产成本项目的是（　　）。

A. 外购动力费　　B. 制造费用

C. 工资费用　　D. 折旧费用

3. 生产费用按计入产品成本的方式分为(　　)。

A. 直接计入费用和间接计入费用　　B. 要素费用

C. 成本项目　　D. 变动费用和固定费用

4. 属于工业企业要素费用的是(　　)。

A. 废品损失　　B. 直接材料

C. 直接人工　　D. 外购动力

5. 不能计入产品成本的费用是(　　)。

A. 企业管理人员的工资及福利费　　B. 车间耗用的动力费用

C. 生产工人的工资及福利费　　D. 车间管理人员的工资及福利费

6. 应计入管理费用的是(　　)。

A. 企业专设销售机构人员的工资　　B. 产品的广告费用

C. 财务人员的差旅费　　D. 车间的办公费用

7. 生产费用按其经济用途可分为(　　)。

A. 计入产品成本的生产费用和不计入产品成本的生产费用

B. 直接计入费用和间接计入费用

C. 直接费用和间接费用

D. 生产成本和制造费用

8. 直接计入费用和间接计入费用,都应列作(　　)。

A. 当期损益的期间费用　　B. 产品制造成本

C. 制造费用　　D. 产品成本和期间费用

9. 产品成本项目由(　　)。

A. 企业根据生产特点和管理要求自行确定

B. 国家统一规定

C. 财政部门确定

D. 企业主管部门分别确定

10. 要素费用是生产费用按其(　　)进行的分类。

A. 经济用途　　B. 计入产品成本的方式

C. 经济内容　　D. 与产品产量的关系

11. 企业车间因生产产品、提供劳务而发生的各项间接费用,如工资、福利费、折旧费等,都属于(　　)成本项目。

A. 管理费用　　B. 制造费用

C. 直接人工　　D. 直接材料

二、多项选择题(每题有两个或两个以上正确答案。将正确答案前面的英文字母填在括号内。后面各章多项选择题答法同此)

1. 属于工业企业产品成本构成内容的有(　　)。

A. 直接材料费用　　B. 停工损失

C. 管理费用　　D. 营业外支出

E. 直接人工费用

2. 工业企业的生产费用包括(　　　　)。

A. 生产成本　　　　B. 销售费用

C. 管理费用　　　　D. 财务费用

E. 营业外支出

3. 计入产品成本的生产费用按其在生产过程中的用途不同,一般可以划分为(　　　　)产品成本项目。

A. 直接材料　　　　B. 管理费用

C. 直接人工　　　　D. 制造费用

E. 财务费用

三、判断题(对画"√",错画"×",标在括号内。后面各章判断题答法同此)

(　　)1. 生产车间在只生产一种产品的情况下,所有生产费用均为直接计入费用。

(　　)2. 企业假如没有专设"燃料和动力"成本项目,其产品生产车间发生的燃料费用则应计入"直接材料"成本项目。

(　　)3. 期间费用包括销售费用、管理费用和财务费用。这些费用因与产品生产没有直接联系,而按发生的期间归集,直接计入当期损益,故统称期间费用。

(　　)4. 要素费用是指企业在生产经营过程中发生的各种费用按其经济内容(或经济性质)所做的分类。

(　　)5. 产品成本项目是指计入产品成本的生产费用按其在生产过程中的用途所做的分类。

(　　)6. 直接计入费用是指可以分清哪种产品所耗用,可以直接计入某种产品成本的费用。

(　　)7. 间接计入费用是指不能分清哪种产品所耗用,不能直接计入某种产品成本,而必须按照一定标准分配计入各种产品成本的费用。

(　　)8. 产品成本构成要素不同于要素费用。

(　　)9. 生产费用按其经济用途进行分类,称为要素费用。

(　　)10. 生产费用按计入产品成本的方式分为变动费用和固定费用。

(　　)11. 凡不应计入产品成本的支出,全部作为营业外支出。

(　　)12. 基本生产车间用于产品生产的材料费用,应通过"原料及主要材料"成本项目反映。

(　　)13. 企业车间因生产产品、提供劳务而发生的各项间接费用,包括工资、福利费、折旧费等,属于"管理费用"成本项目。

(　　)14. 生产费用是企业为生产产品而发生的各项支出。

四、综合题

综合题一

【目的】区分费用与成本。

【资料】海峡公司基本生产车间生产普通型和防风型两种打火机。某月发生了表1中的开支。

表 1

海峡公司的开支列表(1)

序号	项目	费用	成本	备注
1	购进生产产品用丁烷气			
2	购买空白记账凭证			
3	支付产品生产车间管理人员工资			
4	支付供电车间修理费			
5	支付银行手续费			
6	支付产品生产车间自来水水费			
7	支付管理部门人员工资			
8	支付财务人员差旅费			
9	支付本月厂房房租			
10	购进机器设备			

【要求】判断表 1 中各项开支属于费用还是成本,用"√"标在"费用"或"成本"栏中,并在"备注"栏中加以说明。

综 合 题 二

【目的】划分生产费用。

【资料】海峡公司某月发生了表 2 中的开支。

表 2

海峡公司的开支列表(2)

序号	项目	计入产品成本的生产费用	不计入产品成本的生产费用	备注
1	购进生产产品用丁烷气			
2	购买空白记账凭证			
3	支付产品生产车间管理人员工资			
4	支付供电车间修理费			
5	支付银行手续费			
6	支付产品生产车间自来水水费			
7	支付管理部门人员工资			
8	支付财务人员差旅费			
9	支付本月厂房房租			
10	购进机器设备			

【要求】对表2中各项开支进行生产费用分类,用"√"标在"计入产品成本的生产费用"或"不计入产品成本的生产费用"栏中,并对不计入产品成本的生产费用,在"备注"栏中加以说明。

任务 2　产品成本业务核算规范与流程

学习框架

本任务的学习框架如图 2 所示。

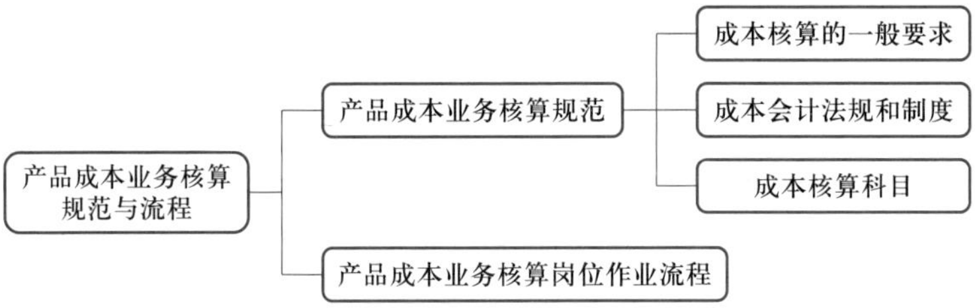

图 2　任务 2 的学习框架图

学习建议

在复习会计基础课程中关于账户结构相关内容的基础上，着重理解“生产成本”和“制造费用”科目明细核算的方法，以及基本生产和辅助生产之间的关系。同时，还要复习关于分配制造费用业务核算的相关内容，更好地理解“生产成本”和“制造费用”的账户对应关系。

可以开展成本核算岗位作业流程的体验活动，绘制出流程图或思维导图，并可在后续的学习过程中，将各环节工作流程与成本核算岗位作业流程进行对照，明确各环节工作流程在总流程中所处的位置，加深对成本核算岗位作业流程及其实际运用的理解，体会成本核算岗位作业流程对正确计算产品成本的重要作用。

关键概念

1. 成本核算

成本核算是指对企业生产过程中发生的各种生产费用进行归集和分配，以正确计算各种产品成本并进行相应的账务处理。

2. “生产成本”科目

“生产成本”科目为成本类科目，用于核算企业进行工业性生产而发生的各项生产成本。其借方登记成本费用的增加数，贷方登记成本费用的结转数，期末借方余额表示企业尚未加工完成的在产品成本。本科目可按基本生产成本和辅助生产成本进行明细核算。

3. 基本生产

基本生产是指企业进行经营性产品的生产，如纺织厂的纺纱、织布，钢铁厂的炼铁、炼钢、轧钢等。

4. 辅助生产

辅助生产是指为基本生产车间、企业行政管理部门等部门服务而进行的产品生产和劳务供应,如纺织厂的机修、钢铁厂的发电等。

5. “制造费用”科目

“制造费用”科目为成本类科目,用于核算企业生产车间(部门)为生产产品和提供劳务而发生的各项间接费用。其借方登记制造费用的增加数,贷方登记分配转出数,期末一般无余额。本科目可按不同的生产车间(部门)和费用项目进行明细核算。

同步训练

一、单项选择题

1. 为了正确地归集每个成本计算对象应负担的费用,必须将应由本期产品负担的生产费用正确地在(　　)。

A. 盈利产品与亏损产品之间进行分配

B. 完工产品和在产品之间进行分配

C. 可比产品与不可比产品之间进行分配

D. 各种产品之间进行分配

2. 制造费用应分配计入(　　)科目。

A. 基本生产成本和辅助生产成本　　B. 财务费用和销售费用

C. 基本生产成本和期间费用　　D. 生产成本和管理费用

二、多项选择题

1. 为了准确计算产品成本,必须正确地划分(　　)的界限。

A. 产品成本与期间费用　　B. 各个月份生产费用

C. 完工产品与在产品的生产费用　　D. 各种产品的生产费用

E. 销售费用与管理费用

2. 为了准确计算产品成本,必须做好(　　)等基础工作。

A. 定额的制订与修订　　B. 各项原始记录的建立与健全

C. 财产物资的计量、收发、领退和盘点　　D. 成本计算方法的选择

E. 完工产品与在产品的费用界限的划分

3. 当企业发生(　　)等生产费用时,可以直接借记“基本生产成本”科目。

A. 车间照明用电费　　B. 构成产品实体的原材料费用

C. 车间管理人员工资　　D. 车间生产人员工资

E. 车间办公费

三、判断题

(　　) 1. 资本性支出应该计入本期产品成本。

(　　) 2. 成本核算是指对企业生产经营过程中实际发生的产品成本和期间费用进行计算,并进行相应的账务处理。

(　　) 3. “生产成本”科目核算企业进行工业性生产发生的各项生产成本,包括生产各种

产品(产成品、自制半成品等)、自制材料、自制工具、自制设备等。

(　　) 4. “生产成本”科目可按基本生产成本和辅助生产成本进行明细核算。基本生产成本应当分别按照基本生产车间和成本核算对象(如产品的品种、类别、订单、批别、生产阶段等)设置明细账(或成本计算单),并按照规定的成本项目设置专栏。

(　　) 5. “生产成本”科目期末借方余额,反映企业尚未加工完成的在产品成本。

(　　) 6. “制造费用”科目核算企业生产车间(部门)为生产产品和提供劳务而发生的各项间接费用。

(　　) 7. “制造费用”科目可按不同的生产车间、部门和费用项目进行明细核算。

(　　) 8. 生产车间发生的机物料消耗,借记“原材料”等科目,贷记“制造费用”科目。

(　　) 9. 生产车间发生的管理人员工资等职工薪酬,借记“制造费用”科目,贷记“应付职工薪酬”科目。

(　　) 10. 生产车间计提的固定资产折旧,借记“累计折旧”科目,贷记“制造费用”科目。

(　　) 11. 将制造费用分配计入有关的成本核算对象,借记“制造费用”科目,贷记“生产成本(基本生产成本、辅助生产成本)”等科目。

(　　) 12. 除季节性的生产性企业外,“制造费用”科目期末应无余额。

(　　) 13. 实际工作中,哪些费用应计入产品成本,哪些不应计入产品成本,由企业自行决定。

四、综合题

【目的】判断成本核算科目。

【资料】海峡公司某月发生了表3中的开支。

表3

海峡公司的开支列表(3)

序号	项目	记入“生产成本”科目	记入“制造费用”科目	备注
1	购进生产产品用丁烷气			
2	购买空白记账凭证			
3	支付产品生产车间管理人员工资			
4	支付供电车间修理费			
5	支付银行手续费			
6	支付产品生产车间自来水水费			
7	支付管理部门人员工资			
8	支付财务人员差旅费			
9	支付本月厂房房租			
10	购进机器设备			

【要求】判断表3中各项开支是否应记入“生产成本”科目或“制造费用”科目，用“√”标在“记入‘生产成本’科目”或“记入‘制造费用’科目”栏中，并对不记入成本核算科目的开支，在“备注”栏中加以说明。

任务 3　归集和分配要素费用

学习框架

本任务的学习框架如图 3 所示。

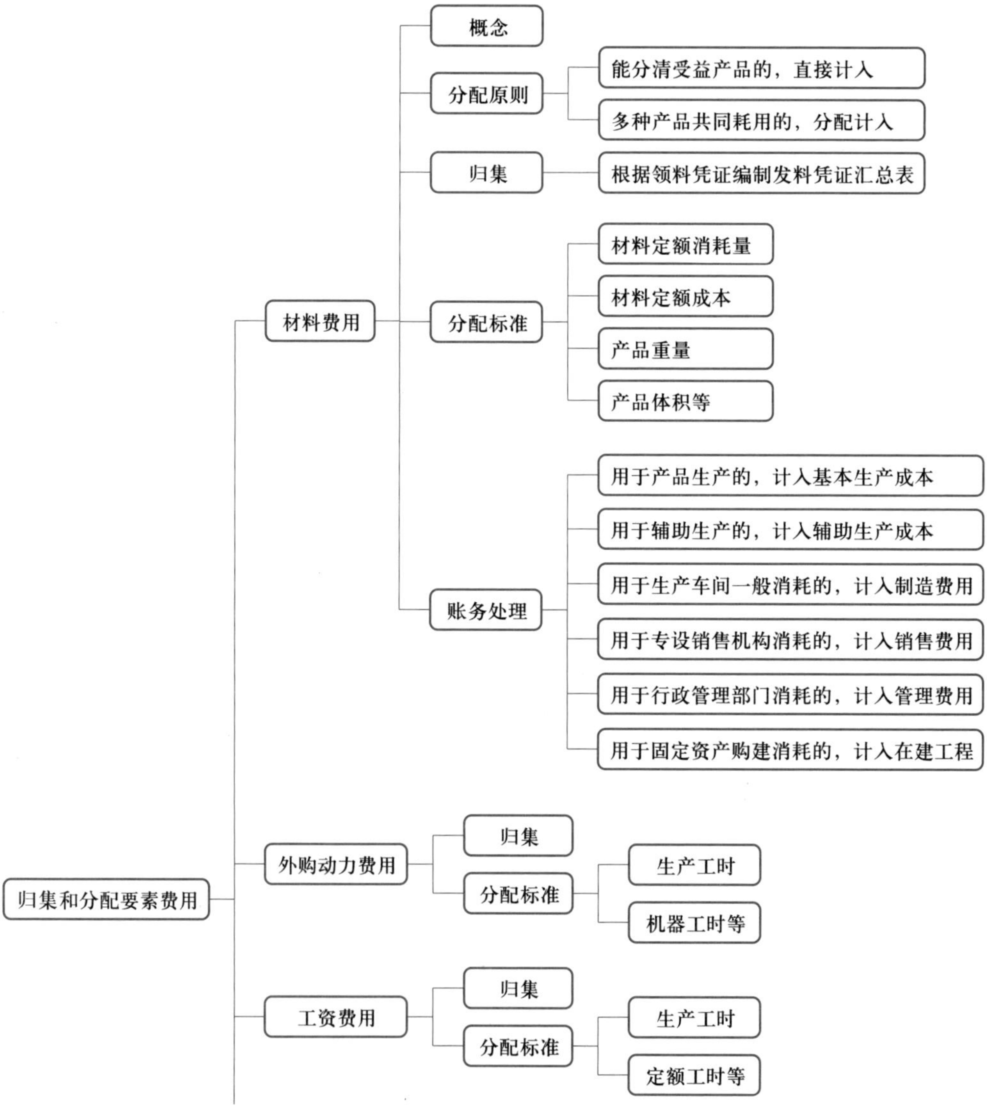

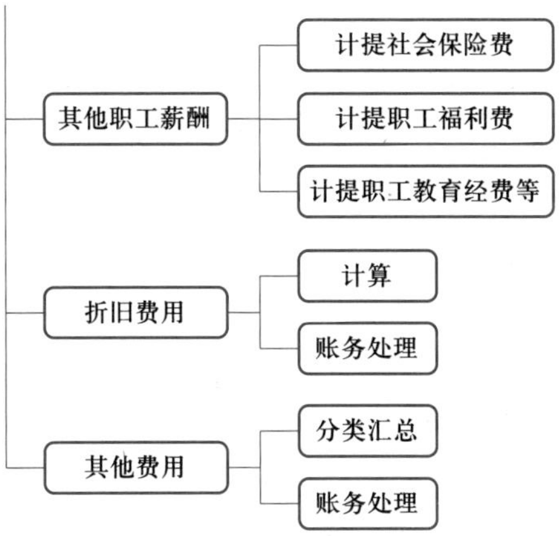

图 3　任务 3 的学习框架图

学习建议

归集和分配要素费用，关键是领会和运用受益原则，即“谁受益、谁负担，谁受益多、谁负担多”。能够直接认定受益对象的生产费用，可以将该项费用直接记入该受益对象的核算科目中，例如，生产小馒头直接耗用的低筋面粉和玉米淀粉两种材料费用（见主教材的表 3–7），就可以直接记入“生产成本——基本生产成本（小馒头）”科目中；供电车间发电耗用的柴油（见主教材的表 3–10），就可以直接记入“生产成本——辅助生产成本（供电车间）”科目中。由几个受益对象共同耗用、无法直接认定受益对象的生产费用，则需要通过计算分配记入这几个受益对象的核算科目中，例如，生产果蔬馒头和豆沙包共同耗用的小麦面粉（见主教材的表 3–1），就要采用适当的方法分配记入“生产成本——基本生产成本（果蔬馒头）”和“生产成本——基本生产成本（豆沙包）”科目中。

分配生产费用的计算公式看起来很复杂，其实不然。从分配材料费用的定额消耗量比例法，到完工产品和在产品分配生产费用的约当产量法、定额比例法等，其计算公式都有它们的共性。掌握共性，就能变难为易、化繁为简，学习起来就事半功倍。方法有三：

其一，观看视频。用手机扫一扫仔细观看主教材的“分配零花钱”视频，通过心算得出结果，增强学习信心。

其二，寻找规律。体会“分配零花钱”视频所体现的计算分配原理，找出分配生产费用一般公式的计算规律。

其三，记忆各项生产费用的分配标准，并将其代入分配生产费用的一般公式（见表 4）。

计算共耗要素费用时，还需要注意列出完整的计算过程，注意各计算指标名称的完整性。例如，在分配材料费用的计算过程中，书写分配率时要写成“材料费用分配率”，而不要只写“分配率”；书写受益对象（如果蔬馒头）应负担的数额时就要写成“果蔬馒头应分配的材料费用”或“果蔬馒头应负担的材料费用”，而不要只写“果蔬馒头”等。

表 4

分配生产费用共性与个性计算公式对比表

分配生产费用的一般公式	以材料定额消耗量比例法的计算公式为例（分配标准为：材料定额消耗量）
$某种费用的分配率=\frac{应分配的该种费用}{受益对象的分配标准之和}$	$材料费用分配率=\frac{应分配的材料费用}{受益产品的材料定额消耗量之和}$ 代入
某受益对象应分配的该种费用 = 该受益对象的分配标准数额 × 某种费用的分配率	某种产品应分配的材料费用 = 该种产品的材料定额消耗量 × 材料费用分配率 代入

计算共耗要素费用仅仅是归集和分配要素费用工作的一部分。它的最终目的是为后续的归集和分配辅助生产费用、制造费用，直至计算出完工产品成本做好准备，因此，根据工作流程填制并审核费用分配表和记账凭证，正确登记成本费用明细账，是不可或缺的工作。

关键概念

1. 材料费用

材料费用是指企业在生产过程中耗用的原料及主要材料、辅助材料、外购半成品（外购件）、修理用备件（备品备件）、包装材料、燃料等。

2. 材料定额消耗量

材料定额消耗量是指产品实际产量与单位产品材料消耗定额的乘积。

3. 材料定额消耗量比例法

材料定额消耗量比例法是指以材料定额消耗量为分配标准，进行材料费用分配的一种方法。

4. 材料定额成本

材料定额成本是指产品实际产量与单位产品材料定额成本的乘积，亦即产品实际产量与单位产品材料消耗定额和材料计划单价的乘积。

5. 材料定额成本比例法

材料定额成本比例法是指以材料定额成本为分配标准，进行材料费用分配的一种方法。

6. 外购动力

外购动力是指由企业外部有关单位提供的电力、蒸汽等。

7. 职工薪酬

职工薪酬是指企业为获得职工提供的服务而给予各种形式的报酬以及其他相关支出。职工薪酬主要包括：职工工资、奖金、津贴和补贴，职工福利费，基本医疗保险、基本养老保险、失业保险、工伤保险、生育保险等社会保险费，住房公积金，工会经费，职工教育经费，非货币性福利等。

同步训练

一、单项选择题

1. 企业在设置“燃料及动力”成本项目的情况下，生产车间发生的直接用于产品生产的燃料费用,应借记的科目是(　　)。

A. 原材料　　B. 制造费用

C. 生产成本　　D. 燃料

2. 领料登记表属于(　　)。

A. 汇总原始凭证　　B. 汇总记账凭证

C. 累计凭证　　D. 记账凭证

3. 按企业生活福利部门人员工资总额计提的职工福利费应借记(　　)科目。

A. 应付职工薪酬——职工福利费　　B. 应付职工薪酬——职工工资

C. 生产成本　　D. 管理费用

4. 某工人本月份生产合格品 245 件,料废品 5 件,加工失误产生废品 2 件,计件单价为 4.00 元。应付该工人的计件工资为(　　)元。

A. 1 000.00　　B. 980.00　　C. 1 008.00　　D. 992.00

5. 产品生产车间采用一次摊销法摊销的低值易耗品,在报废时,其残料价值应借记"原材料"科目,贷记(　　)科目。

A. 生产成本　　B. 低值易耗品

C. 制造费用　　D. 周转材料——低值易耗品

6. 基本生产车间生产领用的一般性的工具、用具,应记入(　　)科目。

A. 折旧费用　　B. 生产成本

C. 制造费用　　D. 管理费用

二、多项选择题

1. 属于一次原始凭证的有(　　　)。

A. 限额领料单　　B. 领料单

C. 领料登记表　　D. 收料单

E. 领料汇总表

2. 材料按实际成本核算时,属于发出材料计价方法的有(　　　)。

A. 先进先出法　　B. 加权平均法

C. 个别计价法　　D. 移动加权平均法

E. 计划成本法

3. 分配工资费用时,可能借记的科目有(　　　)。

A. 应付职工薪酬——职工工资　　B. 应付职工薪酬——职工福利费

C. 生产成本　　D. 制造费用

E. 管理费用

4. 职工福利费开支范围包括(　　　)。

A. 困难职工生活补助费　　B. 职工生活福利部门办公经费

C. 丧葬补助费　　D. 职工浴室水电费

E. 职工生活福利部门人员工资

三、判断题

(　　)1. 外购动力费用是指企业从外部购买各种动力,如电力、热力等所支付的费用。

(　　) 2. 材料费用的分配方法有定额消耗量比例法、生产工时比例法等。

(　　) 3. 外购动力费用的分配标准有实际耗用量、机器工时等。

(　　) 4. 外购动力费用通常是先支付价款，再分配计入有关的成本费用。

(　　) 5. 为了正确计算材料消耗，对于已领未用材料，月末应当填制“退料单”办理退料手续。

(　　) 6. “假退料”的方法是指材料实物不退回仓库，同时填制下月份退料单和本月份领料单。

(　　) 7. 领料单属于自制原始凭证。

(　　) 8. 领料登记表属于汇总记账凭证。

(　　) 9. 限额领料单属于一次原始凭证。

(　　) 10. 材料按实际成本核算时，发出材料的计价方法有先进先出法、加权平均法、定额消耗量比例法等。

(　　) 11. “假退料”的方法实质上是一种会计造假手段。

(　　) 12. 定额消耗量是指在一定产量下按照消耗定额计算消耗材料的数量。

(　　) 13. 以材料定额消耗量为标准分配材料费用的计算公式如下：

某种产品材料定额消耗量 = 该种产品产量 × 单位产品材料消耗定额

(　　) 14. 以材料定额消耗量为标准分配材料费用的计算公式如下：

材料费用分配率 = 应分配的材料费用总额 ÷ 受益产品材料定额消耗量之和

(　　) 15. 分配工资费用时，企业医务、福利人员的工资应记入“应付职工薪酬——职工福利费”科目。

(　　) 16. 根据国家现行规定，企业可以按职工工资总额的 14% 提取职工福利费。

(　　) 17. 直接人工费用都是直接计入费用。

(　　) 18. 基本生产车间固定资产折旧费用应记入“生产成本”科目。

(　　) 19. 为了简化折旧的计算工作，月份内开始使用的固定资产，当月起计提折旧。

(　　) 20. 固定资产折旧费是产品成本的组成部分，因此，企业发生的折旧费用应全部计入产品成本。

四、综合题

综 合 题 一

【目的】分配各项费用。

【资料】

1. 贵安公司 5 月份投产甲产品 1 000 件、乙产品 500 件，两种产品共同耗用材料费用 377 000.00 元。单位甲产品材料消耗定额为 4 千克，单位乙产品材料消耗定额为 5 千克。

【要求】采用材料定额消耗量比例法分配共同耗用材料费用，列出计算过程。

2. 假设上题中的材料计划单价为 5.00 元。其他条件不变。

【要求】采用材料定额成本比例法分配共同耗用材料费用，列出计算过程。

3. 叠溪公司 9 月份 A 产品生产工时为 28 000 小时，B 产品生产工时为 23 000 小时，两种产品共同耗用外购动力费用 40 800.00 元。

【要求】按生产工时比例分配共同耗用外购动力费用，列出计算过程。

4. 三江公司 8 月份 D 产品生产工时为 2 000 小时，E 产品生产工时为 1 600 小时，两种产品共同负担工资费用 57 600.00 元。

【要求】按生产工时比例分配共同负担的工资费用，列出计算过程。

综合题二

【目的】归集材料费用。

【资料】海峡公司基本生产车间生产普通型和防风型两种打火机。2020 年 8 月领用材料情况见附表 1–1 和附表 1–2。

【要求】根据领料单据，按材料用途汇总编制“发料凭证汇总表”（见附表 1–3）。

综合题三

【目的】采用材料定额消耗量比例法分配材料费用。

【资料】2020 年 8 月，海峡公司“发料凭证汇总表”（见附表 1–3）的核算结果。“产品生产情况通知单”见附表 1–4，“月初在产品成本资料”见附表 1–5。

单位普通型打火机（盒）的丁烷气消耗定额为 0.32 千克；单位防风型打火机（盒）的丁烷气消耗定额为 0.34 千克。共同耗用的丁烷气采用定额消耗量比例法分配。共同耗用的包装盒按产品投产数量比例分配。

【要求】

(1) 按定额消耗量比例分配丁烷气费用,按产品投产数量比例分配包装盒费用,编制"材料费用分配表"(见附表 1–6 和附表 1–7)。注:可以在分配表背面书写计算过程,其他综合题做法同此。

(2) 根据"发料凭证汇总表"和"材料费用分配表",编制"材料费用分配汇总表"(见附表 1–8)。

(3) 根据"材料费用分配汇总表"和其他原始凭证,填制通用记账凭证(见附表 1–9)。注:假设此前业务已编至第 67 号记账凭证。

(4) 按产品品种开设"生产成本明细账",登记"月初在产品成本"行。根据记账凭证登记"生产成本明细账"(见附表 1–24、附表 1–37 和附表 1–38)。

(5) 整理会计凭证。

综合题四

【目的】采用材料定额成本比例法分配材料费用。

【资料】2020 年 8 月,海峡公司基本生产车间生产普通型和防风型两种打火机共同耗用的丁烷气情况和单位产品的丁烷气消耗定额见综合题三。丁烷气计划单价为 2.50 元。

【要求】假设按定额成本比例分配丁烷气费用,编制"材料费用分配表"(见附表 1–10)。

综合题五

【目的】归集和分配外购动力费用。

【资料】2020 年 8 月,海峡公司耗用外购电力情况见附表 1–11。普通型打火机和防风型打火机的生产工时见附表 1–12。共同耗用的外购电力费用按产品生产工时比例分配。外购电力费用的支付、分配均通过"应付账款——鼓楼电力公司"科目核算。

【要求】

(1) 根据"用电(外购电力)汇总表"和"产品生产工时汇总表",按生产工时分配外购动力费用,编制"外购动力费用分配表"(见附表 1–13)。

(2) 根据"外购动力费用分配表"和其他原始凭证,填制通用记账凭证(见附表 1–14)。注:假设此前业务已编至第 68 号记账凭证。

(3) 根据记账凭证登记"生产成本明细账"(见附表 1–37 和附表 1–38)和"制造费用明细账"(见附表 1–32)。

综合题六

【目的】归集和分配工资费用。

【资料】2020 年 8 月,海峡公司工资结算情况见附表 1–15。两种产品共同负担的工资费用按产品生产工时比例分配。本月产品生产工时资料见附表 1–12。

【要求】

(1) 根据"工资结算汇总表"和"产品生产工时汇总表",按生产工时分配工资费用,编制"工资费用分配表"(见附表 1–16)。

(2) 根据“工资费用分配表”和其他原始凭证，填制通用记账凭证（见附表 1–17）。注：假设此前业务已编至第 69 号记账凭证。

(3) 根据记账凭证登记“生产成本明细账”（见附表 1–37 和附表 1–38）和“制造费用明细账”（见附表 1–32）。

综 合 题 七

【目的】归集和分配其他职工薪酬费用。

【资料】2020 年 8 月，海峡公司应付工资情况见附表 1–16 的计算结果。按上年职工月平均工资和当地费率 25.8% 计提本月企业社会保险费，分别按当月工资总额的 14%、8% 计提职工福利费与职工教育经费。

【要求】

(1) 根据“工资费用分配表”，编制“其他职工薪酬费用计提表”（见附表 1–18）。

(2) 根据审核无误的其他职工薪酬费用计提表，填制通用记账凭证（见附表 1–19）。注：假设此前业务已编至第 70 号记账凭证。

(3) 根据记账凭证登记生产成本明细账（见附表 1–37 和附表 1–38）和制造费用明细账（见附表 1–32）。

综 合 题 八

【目的】归集和分配折旧费用。

【资料】2020 年 8 月，海峡公司固定资产折旧情况见附表 1–20。

【要求】

(1) 在附表 1–20 中计算本月应计折旧额。

(2) 根据“固定资产折旧计算表”，填制通用记账凭证（见附表 1–21）。注：假设此前业务已编至第 71 号记账凭证。

(3) 根据记账凭证登记“生产成本明细账”（见附表 1–24）和“制造费用明细账”（见附表 1–32）。

综 合 题 九

【目的】归集和分配其他费用。

【资料】2020 年 8 月，海峡公司发生的其他费用见附表 1–22。注：假设均取得增值税普通发票。

【要求】

(1) 根据“其他费用汇总表”，填制通用记账凭证（见附表 1–23）。注：假设此前业务已编至第 72 号记账凭证。

(2) 根据记账凭证登记“生产成本明细账”（见附表 1–24）和“制造费用明细账”（见附表 1–32）。

任务 4　归集和分配辅助生产费用

学习框架

本任务的学习框架如图 4 所示。

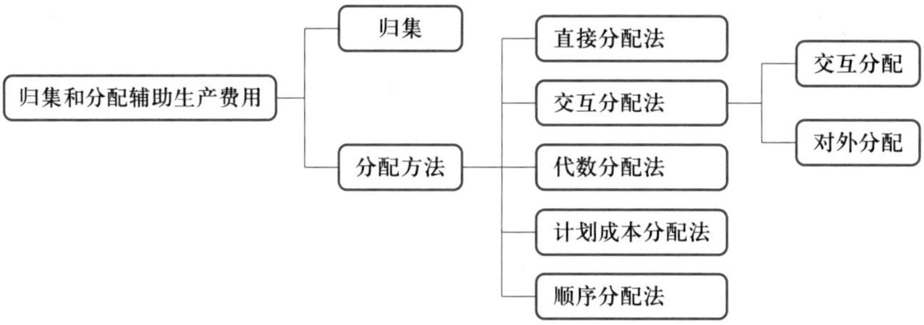

图 4　任务 4 的学习框架图

学习建议

1. 直接分配法

学习直接分配法，首先要正确理解直接分配法的概念和原理。采用这种方法分配辅助生产费用时，并不是所有的受益对象都参与分配，受益对象中的其他辅助生产车间是不参与分配的。例如，主教材的表 4–3 中的供电车间有修理车间、第一车间、第二车间和行政管理部门四个受益对象，在采用直接分配法时，修理车间虽然是受益对象但不参与分配，因此，“供电车间费用分配率”计算公式的分母就是其他三个受益对象的分配标准之和。

2. 交互分配法

学习交互分配法，需注意以下要点：

(1) 其计算过程分两步完成。

第一步：交互分配。将各辅助生产车间的费用在各受益的辅助生产车间之间进行相互分配，其他受益对象暂时不分配。

第二步：对外分配。将各辅助生产车间交互分配后的实际费用，采用直接分配法分配给辅助生产车间之外的受益对象。

(2) 需要同时编制两笔会计分录。

① 第一笔会计分录。根据交互分配计算结果编制交互分配辅助生产费用的会计分录。编制该分录时，应厘清分配关系，例如，主教材的表 4–7 中的分录，供电车间分配给修理车间 315.03

元，所以，借记“生产成本——辅助生产成本（修理车间）”科目315.03元，贷记“生产成本——辅助生产成本（供电车间）”科目315.03元。修理车间分配给供电车间599.30元，做法同理。如果没有厘清分配关系，这笔分录的入账金额就容易出错。

② 第二笔会计分录。根据对外分配计算结果编制向其他受益对象分配辅助生产费用的会计分录。编制该会计分录时，要注意“辅助生产成本”科目的贷方入账金额是辅助生产车间交互分配后的金额。如果将“辅助生产成本”科目的贷方入账金额写成辅助生产车间交互分配前的金额，就会导致该分录借贷不平衡。

关键概念

1. 辅助生产

辅助生产是指为基本生产车间、企业行政管理部门、专设销售机构等部门服务而进行的产品生产和劳务供应。

2. 直接分配法

直接分配法是指不考虑各辅助生产车间之间相互提供产品或劳务的情况，将各辅助生产车间发生的费用直接分配给辅助生产车间之外各受益对象的方法。

3. 交互分配法

交互分配法又称一次交互分配法，是指先把各辅助生产车间的费用在各受益的辅助生产车间之间进行相互分配，然后将各辅助生产车间交互分配后的实际费用直接分配给辅助生产车间之外受益对象的方法。

同步训练

一、单项选择题

1. 辅助生产费用的归集与分配是通过（　　）科目进行的。

A. 辅助生产　　B. 基本生产

C. 生产成本——辅助生产成本　　D. 生产成本——基本生产成本

2. 采用直接分配法分配辅助生产费用的特点是将辅助生产车间费用直接（　　）。

A. 记入“辅助生产成本”科目

B. 分配给所有受益的车间、部门

C. 分配给辅助生产车间以外的各受益单位

D. 计入辅助生产提供的劳务成本

3. 在各辅助生产车间相互提供劳务很少的情况下，适宜采用的辅助生产费用分配方法是（　　）。

A. 直接分配法　　B. 交互分配法

C. 计划成本分配法　　D. 代数分配法

4. 交互分配法的交互分配是在（　　）之间分配辅助生产费用。

A. 辅助生产车间与基本生产车间　　B. 企业内部各生产车间

C. 企业各种产品　　D. 各辅助生产车间

5. 辅助生产交互分配后的实际费用，应再在（　　）进行分配。

A. 各基本生产车间　　　　　　　　B. 各受益单位之间

C. 辅助生产车间以外的受益单位之间　　D. 各辅助生产车间

6. 将各辅助生产车间发生的费用,直接分配给辅助生产车间以外的各受益单位,辅助生产车间之间相互提供产品或劳务不分配费用。这种分配方法是(　　)。

A. 直接分配法　　　　B. 交互分配法

C. 计划成本分配法　　D. 代数分配法

二、多项选择题

1. 属于辅助生产车间的制造费用可以直接记入"辅助生产成本"科目的条件有(　　　)。

A. 制造费用很少　　　　　　B. 辅助生产车间数量很少

C. 辅助生产车间规模很小　　D. 辅助生产车间不对外提供产品

E. 辅助生产车间规模很大

2. 辅助生产车间发生的固定资产折旧费,可能借记的科目有(　　　)。

A. 制造费用　　　B. 辅助生产成本

C. 基本生产成本　D. 管理费用

E. 在建工程

3. 企业进行辅助生产费用分配时,可能借记的科目有(　　　)。

A. 基本生产成本　B. 辅助生产成本

C. 制造费用　　　D. 在建工程

E. 管理费用

4. 属于辅助生产费用分配方法的有(　　　)。

A. 直接分配法　B. 交互分配法

C. 约当产量法　D. 代数分配法

E. 计划成本分配法

5. 采用辅助生产费用分配的交互分配法,关于对外分配的费用总额,不正确的说法有(　　　)。

A. 交互分配前费用加上或减去交互分配转入的费用

B. 交互分配前费用加上交互分配转入的费用

C. 交互分配前费用减去交互分配转出的费用

D. 交互分配前费用加上交互分配转入费用,减去交互分配转出费用

E. 交互分配前费用加上交互分配转出费用,减去交互分配转入费用

三、判断题

(　　)1. 在辅助生产的制造费用不通过"制造费用"科目核算,而"辅助生产成本明细账"要按成本项目分设专栏的情况下,"辅助生产成本明细账"中必须设置"制造费用"项目。

(　　)2. 辅助生产是指为基本生产车间、企业行政管理部门等单位服务而进行的产品生产和劳务供应。

(　　)3. 辅助生产车间的制造费用单独设置"制造费用——辅助生产车间"明细账时,辅助生产车间的制造费用与基本生产车间的制造费用一样,先通过"制造费用"科目进行归集,期末从该科目直接转入或分配转入"生产成本——辅助生产成本"科目及所属明细账的"制造费

用”成本项目。

(　　)4. 企业在只有一个辅助生产车间的情况下,才能采用辅助生产费用分配的直接分配法。

(　　)5. 当生产模具、工具等产品的辅助生产车间月末有在产品时,“生产成本——辅助生产成本”科目月末有借方余额。

(　　)6. 辅助生产费用的交互分配法,是指根据各辅助生产车间交互分配前的单位成本(费用分配率)和相互提供的劳务数量,在各辅助生产车间之间进行交互分配,然后将各辅助生产车间交互分配后的实际费用在辅助生产车间以外的各受益对象之间进行分配的方法。

(　　)7. 辅助生产交互分配后的实际费用,应再在各辅助生产车间之间进行分配。

(　　)8. 辅助生产费用的分配方法包括直接分配法、交互分配法、年度计划分配率法等。

(　　)9. 采用交互分配法分配辅助生产费用,需要进行交互分配和对外分配的两次分配过程。

(　　)10. 提供供电产品的辅助生产部门发生的费用,在分配给各受益对象后,辅助生产成本明细账户应无余额。

(　　)11.“生产成本——辅助生产成本”科目月末可能没有余额。

四、综合题

综 合 题 一

【目的】分配辅助生产费用。

【资料】

1. 建新公司设有机修和供电两个辅助生产车间。机修车间本月发生费用 16 000.00 元;提供修理劳务 4 100 小时,其中:为供电车间修理 100 小时,为基本生产车间修理 3 500 小时,为企业行政管理部门修理 500 小时。供电车间本月发生费用 20 000.00 元;提供电力 25 300 千瓦时,各分电表记录如下:机修车间用电 300 千瓦时,基本生产车间用电 20 000 千瓦时,企业行政管理部门办公用电 5 000 千瓦时。

【要求】采用直接分配法分配辅助生产费用,列出计算过程。

2. 三山公司设有修理和供电两个辅助生产车间。修理车间本月发生费用 40 400.00 元;提供修理劳务 20 200 小时,其中:为供电车间修理 200 小时,为第一生产车间修理 8 000 小时,为第二生产车间修理 9 000 小时,为企业行政管理部门修理 3 000 小时。供电车间本月发生费用 42 000.00 元;提供电力 42 000 千瓦时,各分电表记录如下:修理车间用电 2 000 千瓦时;生产甲产品用电 12 000 千瓦时,生产乙产品用电 16 000 千瓦时,第一生产车间照明用电 2 000 千瓦时,第二生产车间照明用电 1 500 千瓦时;企业行政管理部门办公用电 8 500 千瓦时。

【要求】采用交互分配法分配辅助生产费用,列出计算过程。

综 合 题 二

【目的】归集辅助生产费用。

【资料】2020 年 8 月，海峡公司发生的辅助生产费用见任务 3 中综合题二至综合题九的核算结果。

【要求】

(1) 对任务 3 中填制的记账凭证进行审核，并登记“辅助生产成本明细账”（见附表 1–24）。

(2) 结计“辅助生产成本明细账”的“本月合计”数。

综 合 题 三

【目的】采用直接分配法分配辅助生产费用。

【资料】2020 年 8 月，海峡公司供电车间发生辅助生产费用见任务 3 中综合题二至综合题九的核算结果。供电车间本月发电量见附表 1–25。该企业采用直接分配法分配辅助生产费用。

【要求】

(1) 根据“辅助生产成本明细账”的记录和“供电车间提供产品汇总表”，采用直接分配法分配辅助生产费用，编制“辅助生产费用分配表”（见附表 1–26）。

(2) 根据“辅助生产费用分配表”，填制通用记账凭证（见附表 1–27）。注：假设此前业务已编至第 73 号记账凭证。

(3) 登记“辅助生产成本明细账”（见附表 1–24）和“制造费用明细账”（见附表 1–32）。

综 合 题 四

【目的】采用交互分配法分配辅助生产费用。

【资料】榕达公司设有机修和供电两个辅助生产车间。2020 年 8 月，机修车间发生费用 61 500.00 元，供电车间发生费用 51 000.00 元。辅助生产车间产品或劳务供应情况见附表 1–28。

【要求】

(1) 采用交互分配法计算分配机修车间、供电车间的辅助生产费用，编制“辅助生产费用分配表”（见附表 1–29）。

(2) 根据“辅助生产费用分配表”，填制通用记账凭证（见附表 1–30 和附表 1–31）。注：假设此前业务已编至第 52 号记账凭证。

任务5　归集和分配制造费用

学习框架

本任务的学习框架如图5所示。

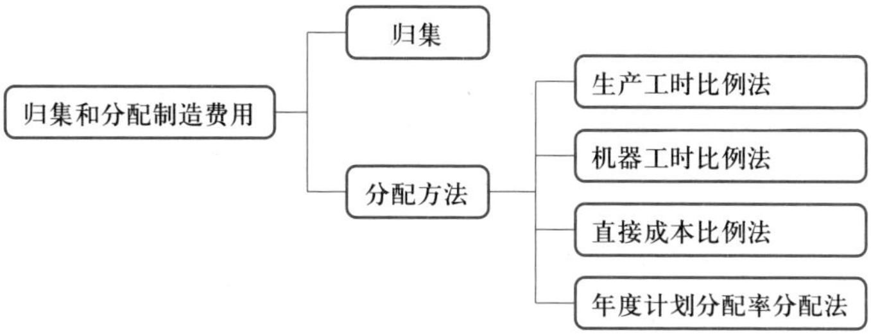

图5　任务5的学习框架图

学习建议

学习本任务时，首先要弄清各生产车间“制造费用明细账”的记账依据，即“制造费用明细账”记录的数据来源。其次就是明确制造费用分配率计算公式中应分配制造费用总额的数据来源。

按实际生产工时、机器工时等分配标准进行制造费用分配的计算过程相对简单易懂。不过，有的同学却经常会弄反会计分录中的记账方向，如分配基本生产车间制造费用时会编制以下会计分录：

借：制造费用　　　　× × × ×

　　贷：生产成本——基本生产成本（× × 产品）　　　　× × × ×

　　　　　　　　——基本生产成本（× × 产品）　　　　× × × ×

导致这种错误的原因主要是：没有弄清分配制造费用的经济性质。将基本生产车间的制造费用分配给该车间的各种产品，换个角度看，就是只有该车间的各种产品才能分得了制造费用。因此，一方面反映产品的生产费用增加了，应借记“生产成本”科目；另一方面表明制造费用被分配掉了，则贷记“制造费用”科目。编制的会计分录应为：

借：生产成本——基本生产成本（× × 产品）　　　　× × × ×

　　　　　　——基本生产成本（× × 产品）　　　　× × × ×

　　贷：制造费用　　　　× × × ×

关键概念

1. 制造费用

制造费用是指企业生产车间（分厂）为生产产品和提供劳务而发生的各项间接生产费用，包括车间管理人员职工薪酬、机物料消耗、低值易耗品摊销、固定资产折旧费、租赁费、修理费、办公费、水电费、劳动保护费、季节性的停工损失等。

2. 生产工时比例法

生产工时比例法是指以企业生产车间各受益产品的实际生产工时为分配标准，对生产车间的制造费用进行分配的方法。

同步训练

一、单项选择题

1. 可能导致“制造费用”科目年内各月末有余额的方法是（　　）。

A. 生产工人工资比例法　　B. 机器工时比例法

C. 生产工时比例法　　D. 年度计划分配率分配法

2. 能够将劳动生产率和产品负担的费用水平联系起来，使分配结果比较合理的制造费用分配方法是（　　）。

A. 生产工时比例法　　B. 年度计划分配率分配法

C. 生产工人工资比例法　　D. 机器工时比例法

3. 励志公司基本生产车间生产丙、丁两种产品。本月发生制造费用 70 550.00 元，按机器工时比例分配。其中，丙产品机器工时为 48 000 小时，丁产品机器工时为 35 000 小时。则丙产品应分配的制造费用为（　　）元。

A. 29 750.00　　B. 40 800.00　　C. 48 000.00　　D. 35 000.00

二、多项选择题

1. 属于制造费用的有（　　）。

A. 基本生产车间的办公费　　B. 辅助生产车间无形资产摊销

C. 生产单位固定资产折旧费　　D. 生产单位管理人员工资及福利费

E. 基本生产车间的照明用电

2. 制造费用的分配方法包括（　　）。

A. 生产工时比例法　　B. 生产工人工资比例法

C. 机器工时比例法　　D. 代数分配法

E. 年度计划分配率法

三、判断题

（　　）1. 制造费用是指工业企业为生产产品（或提供劳务）而发生的，应该计入产品成本，但没有专设成本项目的各项生产费用。

（　　）2. 在设立总厂、分厂、车间各级机构的企业中，分厂发生的没有专设成本项目的费用也是制造费用。

（　　）3. 制造费用中虽然大部分属于间接用于产品生产的费用，但也有一部分直接用于产品生产、管理上不要求单独核算、没有专设成本项目的费用，如机器设备的折旧费等。

(　　) 4. 企业各车间的制造费用应于月末进行汇总，在整个企业各种产品之间统一进行分配。

(　　) 5. “制造费用”科目年末一般应无余额。

(　　) 6. 制造费用的生产工时比例法是指按照各种产品所用生产工时的比例分配制造费用的一种方法。

(　　) 7. 制造费用的生产工人工资比例法是指按照各种产品的生产工人工资的比例分配制造费用的一种方法。

(　　) 8. 制造费用的机器工时比例法是指按照各种产品所用机器设备运转时间的比例分配制造费用的一种方法。

(　　) 9. 某基本生产车间本月归集制造费用 15 000.00 元，本月该车间生产了甲、乙两种产品，产量分别为 300 件和 200 件。该车间为生产甲、乙产品共耗用生产工时 7 500 小时，其中：甲产品 4 000 小时，乙产品 3 500 小时。按生产工时比例分配，则该车间制造费用的分配率为 2 元 / 小时。

四、综合题

综 合 题 一

【目的】分配制造费用。

【资料】

1. 梅峰公司基本生产车间本月发生制造费用 53 300.00 元。该车间生产甲、乙两种产品，甲产品生产工时为 23 000 小时，乙产品生产工时为 18 000 小时。

【要求】按生产工时比例分配制造费用，列出计算过程。

2. 洪山公司采用生产工人工资比例法分配制造费用。基本生产车间本月发生制造费用 90 300.00 元。该车间生产 A、B 两种产品，A 产品生产工人工资为 23 000.00 元，B 产品生产工人工资为 20 000.00 元。

【要求】按生产工人工资比例分配制造费用，列出计算过程。

综 合 题 二

【目的】归集制造费用。

【资料】2020 年 8 月，海峡公司发生的制造费用见任务 3 中综合题二至综合题九，以及任务 4 中综合题三的核算结果。

【要求】

(1) 对任务 3 中综合题二至综合题九，以及任务 4 综合题三中填制的记账凭证进行审核，并登记“制造费用明细账”（见附表 1–32)。

(2) 结计“制造费用明细账”的“本月合计”数。

综 合 题 三

【目的】分配制造费用。

【资料】2020 年 8 月，海峡公司基本生产车间发生的制造费用见附表 1–32。制造费用按产品生产工时比例分配。本月产品生产工时资料见附表 1–12。

【要求】

(1) 根据“制造费用明细账”的记录和“产品生产工时汇总表”，按产品生产工时分配制造费用，编制“制造费用分配表”（见附表 1–33)。

(2) 根据“制造费用分配表”，填制通用记账凭证（见附表 1–34)。注：假设此前业务已编至第 74 号记账凭证。

(3) 登记“生产成本明细账”（见附表 1–37 和附表 1–38)和“制造费用明细账”（见附表 1–32)。

任务 6　在完工产品和在产品之间分配生产费用

学习框架

本任务的学习框架如图 6 所示。

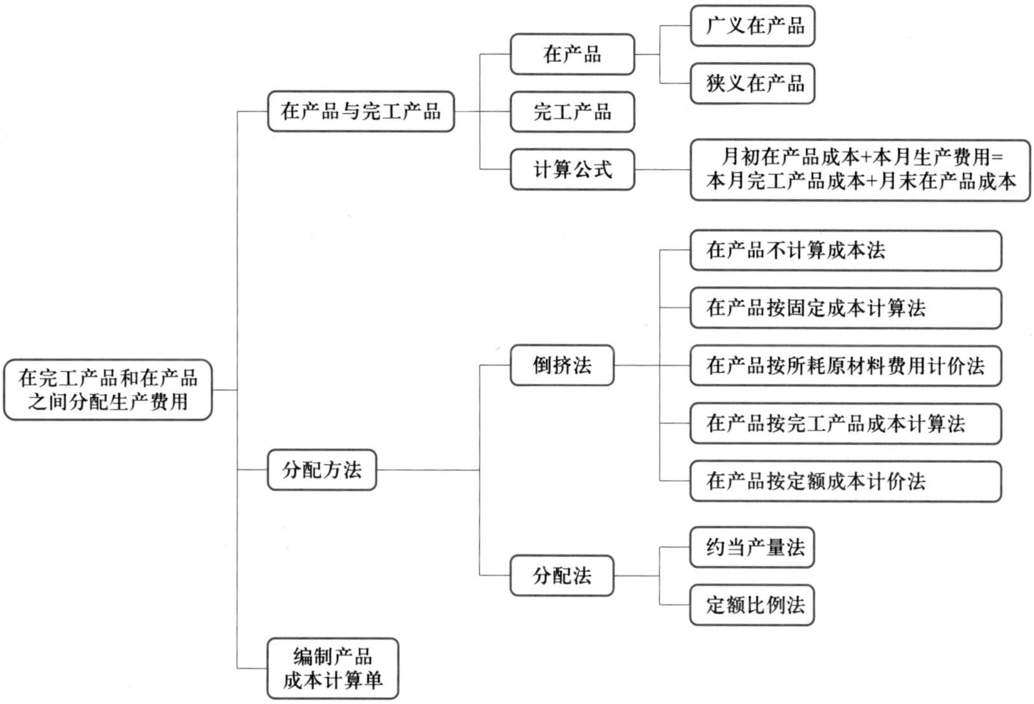

图 6　任务 6 的学习框架图

学习建议

1. 完工产品和在产品之间的关系

在完工产品和在产品之间分配生产费用,是指在本月完工产品和月末在产品之间分配生产费用,这是正确计算产品成本的重要内容。因此,它是学习重点,也是学习难点。

想要弄清如何在完工产品和在产品之间分配生产费用,首先得理解完工产品成本和在产品成本之间的关系,用计算公式表达如下:

月初在产品成本 + 本月生产费用 = 完工产品成本 + 月末在产品成本　　(公式 1)

这个等式不是凭空而来的。同学们可以复习“会计基础”课程的相关内容,然后再结合账户中四项金额的关系公式加以领会。例如:

$$期初余额+\frac{本期增加}{发生额}=\frac{本期减少}{发生额}+期末余额 \quad (公式2)$$

或:

$$\frac{期初借方}{余额}+\frac{本期借方}{发生额}=\frac{本期贷方}{发生额}+\frac{期末借方}{余额} \quad (公式3)$$

公式 1 反映的是各产品的“生产成本——基本生产成本”账户四项金额的关系。等式左边的月初在产品成本与本月生产费用之和,也称产品的“生产费用合计”,或称产品的“本月累计生产费用”,或称产品的“生产费用总额”。即:

$$月初在产品成本+本月生产费用=生产费用总额 \quad (公式4)$$

将公式 4 代入公式 1 得出:

$$生产费用总额=完工产品成本+月末在产品成本 \quad (公式5)$$

由公式 5 可以看出,在本月完工产品和月末在产品之间分配生产费用,分配的是产品的生产费用总额,也就是月初在产品成本与本月生产费用之和,而不只是“本月发生的生产费用”。

在完工产品和在产品之间分配生产费用的方法有在产品不计算成本法、在产品按固定成本计算法、在产品按所耗原材料费用计价法、在产品按完工产品成本计算法、在产品按定额成本计价法、约当产量法、定额比例法等。其中,约当产量法是学习难点。

2. 约当产量法

约当产量法的计算公式,同样也可以结合分配生产费用的一般公式进行理解(参考任务 3 的学习建议)。约当产量法的应用要点如下:

(1) 按直接材料、直接人工、制造费用等成本项目分别计算,即分别计算直接材料费用分配率、直接人工费用分配率和制造费用分配率。

(2) 受益对象是完工产品和月末在产品。

(3) 分配标准是产品产量。完工产品参与分配的分配标准是完工产品的产品产量,月末在产品参与分配的分配标准是月末在产品数量折算为大约相当于完工产品的产品产量(即月末在产品约当产量)。

分配直接材料费用时,月末在产品约当产量按投料程度计算;分配加工费用(直接人工费用和制造费用)时,月末在产品约当产量按完工程度(加工程度)计算。如表 5 所示。

表 5

约当产量法下分配直接材料费用与加工费用的计算对比

分配直接材料费用 （月末在产品约当产量按投料程度计算）	分配加工费用 （月末在产品约当产量按完工程度计算）
直接材料费用分配率 = 直接材料费用合计 ÷ [完工产品产量 + 在产品约当产量（按投料程度计算）] 完工产品应分配直接材料费用 = 完工产品产量 × 直接材料费用分配率 在产品应分配直接材料费用 = 在产品约当产量（按投料程度计算）× 直接材料费用分配率	直接人工费用分配率 = 直接人工费用合计 ÷ [完工产品产量 + 在产品约当产量（按完工程度计算）] 完工产品应分配直接人工费用 = 完工产品产量 × 直接人工费用分配率 在产品应分配直接人工费用 = 在产品约当产量（按完工程度计算）× 直接人工费用分配率
	制造费用分配率 = 制造费用合计 ÷ [完工产品产量 + 在产品约当产量（按完工程度计算）] 完工产品应分配制造费用 = 完工产品产量 × 制造费用分配率 在产品应分配制造费用 = 在产品约当产量（按完工程度计算）× 制造费用分配率

主教材中关于“采用约当产量法分配多工序产品的生产费用”的内容，是为了进一步解释投料程度和完工程度的计算方法。其料、工、费的分配计算公式还是上述表 5 中所列的计算公式。

3. 定额比例法

同样地，定额比例法的计算公式仍然可以结合分配生产费用的一般公式进行理解。只是在定额比例法下，分配标准是消耗定额。分配直接材料费用时为材料定额费用或材料定额消耗量；分配加工费用时为定额工时。

值得注意的是，学习定额比例法时，还应将其与在产品按定额成本计价法区别开来，以免混淆。在产品按定额成本计价法，是先按定额成本计算月末在产品成本，再根据公式 1 倒挤出完工产品成本。即：

完工产品成本 = 月初在产品成本 + 本月生产费用 − 月末在产品成本（定额成本）

关键概念

1. 狭义在产品

狭义在产品是指某一车间或某一生产步骤正在加工中的在制品。

2. 广义在产品

广义在产品是指期末没有完成全部生产过程,不能作为商品销售的产品。

3. 完工产品

完工产品是指完成生产过程的产品。在分配生产费用时,完工产品是相对在产品而言的,并不一定就是企业的产成品。

4. 在产品不计算成本法

在产品不计算成本法是指本月生产费用全部由完工产品负担,月末在产品不计算成本的一种方法。

5. 在产品按固定成本计算法

在产品按固定成本计算法是指年度内各月末在产品均按年初在产品成本计算的一种方法。

6. 在产品按所耗原材料费用计价法

在产品按所耗原材料费用计价法是指月末在产品只负担直接材料成本,而直接人工成本和制造费用全部由完工产品负担的一种方法。

7. 在产品按完工产品成本计算法

在产品按完工产品成本计算法是指将在产品视同完工产品,按月末在产品数量与本月完工产品数量的比例分配生产费用,计算完工产品成本和在产品成本的一种方法。

8. 在产品按定额成本计价法

在产品按定额成本计价法是指按月末在产品数量和单位定额成本计算月末在产品成本的一种方法。

9. 约当产量

约当产量也称在产品约当产量,是指将月末在产品数量按其完工程度折算为相当于完工产品的数量。

10. 约当产量法

约当产量法是指按完工产品产量与月末在产品约当产量的比例分配生产费用,计算完工产品成本和在产品成本的一种方法。

11. 定额比例法

定额比例法是指按完工产品和月末在产品的定额费用(或定额消耗量)、定额工时的比例分配生产费用,计算完工产品成本和在产品成本的一种方法。

同步训练

一、单项选择题

1. 在约当产量法下,某企业生产的产品经过两道工序,各工序的工时定额分别为 30 小时和 40 小时,则第二道工序在产品的完工率为(　　)。

A. 21%　　B. 70%　　C. 57%　　D. 71%

2. 某种产品的定额准确、稳定,且各月月末在产品数量变化不大,其生产费用在完工产品和月末在产品之间进行分配应采用(　　)。

A. 在产品按定额成本计价法　　B. 约当产量法

C. 在产品按完工产品成本计算法　　D. 定额比例法

3. 计算完工产品成本时,如果在产品不计算成本,应具备的条件是(　　)。

A. 各月月末在产品数量比较稳定　　B. 各月月末在产品的数量很少

C. 定额管理基础较好　　D. 各月月末在产品的数量较大

4. 在约当产量法下,当原材料随着加工进度陆续投入,原材料投入的程度与加工进度完全一致或基本一致时,采用约当产量法计算在产品成本时,(　　)。

A. 完工产品按数量比例分配,在产品按约当产量比例分配

B. 完工产品按约当产量分配材料费用,在产品按数量比例分配

C. 完工产品和在产品均按数量比例分配

D. 材料费用应按约当产量比例分配

5. 在约当产量法下,某种产品经过两道工序加工完成,其原材料分两道工序在每道工序开始时一次投入:第一工序原材料消耗定额为 30 千克,第二工序原材料消耗定额为 20 千克。据此计算出的第二工序在产品的投料程度为(　　)。

A. 20%　　B. 40%　　C. 60%　　D. 100%

6. 如果产品成本中的原材料费用所占比重很大,原材料随着生产进度逐渐投入生产,为了简化成本计算工作,在分配完工产品与月末在产品费用时,应该采用的方法是(　　)。

A. 在产品按所耗原材料费用计价,原材料费用按约当产量比例分配

B. 在产品按所耗原材料费用计价,原材料费用按实际数量比例分配

C. 约当产量法

D. 在产品不计算成本法

7. 如果产品的月末在产品数量较多,各月在产品数量变化较大,各项费用的比重相差不多,生产费用在完工产品与月末在产品之间分配,应采用的方法是(　　)。

A. 约当产量法　　B. 在产品按固定成本计价法

C. 在产品按所耗原材料费用计价法　　D. 在产品不计算成本法

8. 在约当产量法下,分配除原材料费用之外的加工费用时,所采用的在产品完工程度,是指产品(　　)与完工产品工时定额的比率。

A. 前面各工序工时定额之和与所在工序工时定额 50% 的合计数

B. 所在工序的工时定额

C. 所在工序的累积工时定额

D. 所在工序工时定额的 50%

9. 采用在产品按完工产品成本计算法分配计算完工产品和月末在产品成本,应具备的条件是(　　)。

A. 各月月末在产品的数量比较稳定　　B. 各项消耗定额比较准确

C. 各月月末在产品数量很少　　D. 在产品已接近完工

10. 不属于完工产品与月末在产品之间分配生产费用的方法是(　　)。

A. 约当产量法　　B. 在产品不计算成本法

C. 年度计划分配率分配法　　D. 定额比例法

11. 某产品经过两道工序加工完成,原材料在生产开始时一次投料。第一道工序月末在产品数量为 100 件,完工程度为 20%;第二道工序的月末在产品数量为 200 件,完工程度为 70%。

在分配直接材料费用时,计算的月末在产品约当产量为(　　)件。

A. 220　　B. 300　　C. 240　　D. 160

12. 计算月末在产品约当产量的依据是(　　)。

A. 月末在产品数量　　B. 本月完工产品数量

C. 月末在产品数量和完工程度　　D. 月末在产品定额成本和定额工时

13. 在约当产量法下,原材料在生产开始时一次投料,对完工产品与月末在产品的原材料费用,应按完工产品和月末在产品的(　　)比例分配计算。

A. 所耗原材料数量　　B. 定额工时

C. 数量之半　　D. 数量

14. 在约当产量法下,原材料随着加工进度陆续投入,完工产品与月末在产品的原材料费用应按(　　)比例分配。

A. 数量　　B. 定额工时

C. 约当产量　　D. 定额费用

二、多项选择题

1. 计算投料程度时,正确的说法有(　　)。

A. 原材料于各工序开始时一次投料的,某工序在产品投料程度等于前面各工序累计材料消耗定额与本工序材料消耗定额 50% 之和除以单位产品消耗定额

B. 原材料于各工序开始时一次投料的,某工序在产品投料程度等于前面各工序累计材料消耗定额与本工序材料消耗定额之和除以单位产品消耗定额

C. 原材料于生产开始一次投料的,只有第一工序月末在产品投料程度为 100%

D. 原材料于生产开始一次投料的,月末在产品投料程度为 100%

E. 原材料于各工序开始时一次投料的,某工序在产品投料程度等于前面各工序累计定额工时与本工序定额工时之和除以单位产品定额工时

2. 属于完工产品与月末在产品之间分配生产费用的方法有(　　)。

A. 约当产量法　　B. 定额比例法

C. 生产工时比例法　　D. 年度计划分配率分配法

E. 在产品不计算成本法

三、判断题

(　　) 1. 狭义在产品是指正在某车间或某生产步骤中加工的在产品。

(　　) 2. 广义在产品是指没有全部完成生产过程,不能作为商品销售的产品。包括:正在车间加工的产品;已经完成一个和几个加工步骤,但还需要进一步加工的半成品;未装配或未验收入库的产品;返修的废品等。

(　　) 3. 采用约当产量法分配原材料费用的完工程度与分配加工费用的完工程度有时是可通用的。

(　　) 4. 在采用在产品不计算成本法时,某产品某月发生的生产费用之和,就是该产品的完工产品成本。

(　　) 5. 企业所有产品均需要在月末将其生产费用的累计数在完工产品与在产品之间进行分配。

(　　)6. 各月末在产品数量变化不大的产品,可以不计算月末在产品成本。

(　　)7. 为了反映完工产品成本构成情况,分配生产费用时,应按成本项目分别计算。

(　　)8. 在产品按定额成本计价法适用于定额管理基础比较好,各项消耗定额或费用定额比较准确、稳定,而且各月月末在产品数量变动不大的产品。

(　　)9. 在月末计算产品成本时,如果某种产品已经全部完工,或者该产品全部没有完工,那么其“基本生产成本明细账”中归集的生产费用之和就不必在完工产品与月末在产品之间进行生产费用的分配。

(　　)10. 在产品按固定成本计算法是指按年初数固定计算月末在产品成本的方法。

(　　)11. 在约当产量法下,某工序在产品的完工程度为该工序累计的工时定额与完工产品工时定额的比率。

(　　)12. 约当产量法是指按照完工产品数量和在产品约当数量的比例,计算分配完工产品成本和月末在产品成本的方法。

(　　)13. 某产品经过两道工序加工完成,原材料在生产开始时一次投料。第一道工序月末在产品数量为 100 件,完工程度为 20%;第二道工序的月末在产品数量为 200 件,完工程度为 70%。在分配人工费用等加工费用时,计算月末在产品约当产量为 240 件。

(　　)14. 在约当产量法下,原材料在每道工序开始时一次投入,那么,各工序在产品所应负担的原材料费用都是相等的,其投料程度均为 100%。

(　　)15. 在产品按完工产品成本计算法适用于月末在产品接近完工或虽已完工但尚未验收入库的产品。

(　　)16. 在产品按定额成本计价法是指月末在产品成本按定额成本计算,该种产品的全部生产费用减去按定额成本计算的月末在产品成本后的差额即为完工产品成本。

(　　)17. 约当产量法、交互分配法、在产品按定额成本计价法等方法都是在完工产品与月末在产品之间分配生产费用的方法。

(　　)18. 在产品按完工产品成本计算法是指将月末在产品视同完工产品分配生产费用的方法。

(　　)19. 在约当产量法下,由于各道工序内部在产品完工程度不同,为简化计算,对各工序内部在产品在本工序的加工程度可按 100% 计算。

(　　)20. 月末在产品约当产量等于月末在产品数量乘以月末在产品完工程度。

(　　)21. 在产品按固定成本计算法适用于各月月末在产品数量较大,各月月末在产品数量变化也较大,原材料费用在产品成本中占有较大比重的产品。

(　　)22. 采用定额比例法在完工产品和在产品之间分配生产费用,一般以材料定额消耗量作为分配标准。

(　　)23. 在产品按所耗原材料费用计价法是指月末在产品成本只计算其所耗用的直接材料费用,不计算职工薪酬等加工费用,加工费用全部由完工产品成本负担。

(　　)24. 定额比例法适用于定额管理基础比较好,各项消耗定额或费用定额比较准确、稳定,而且各月月末在产品数量变动较大的产品。

四、综合题

综 合 题 一

【目的】计算完工产品成本,分配生产费用。

【资料】

1. 长安公司生产 R 产品,本月发生直接材料费用 36 000.00 元,直接人工费用 2 000.00 元,制造费用 1 500.00 元。

【要求】采用不计算在产品成本法计算 R 产品完工产品成本,列出计算过程。

2. 英华公司生产 K 产品,月初在产品成本为:直接材料费用 6 000.00 元,直接人工费用 3 000.00 元,制造费用 2 500.00 元。本月发生直接材料费用 88 000.00 元,直接人工费用 32 000.00 元,制造费用 16 200.00 元。

【要求】采用在产品按固定成本计算法计算 K 产品完工产品成本,列出计算过程。

3. 银湖公司某年 6 月份 N 产品投产 16 000 件,完工 15 400 件。月末在产品 2 920 件,完工程度为 50%。原材料在生产开始时一次投入。生产费用合计为:直接材料费用 131 904.00 元,直接人工费用 106 218.00 元,制造费用 59 010.00 元。

【要求】采用约当产量法分配生产费用,列出计算过程。

4. 达道公司某年 6 月生产的 S 产品经过三道工序加工完成,原材料在各工序开工时投入。本月完工产品 5 000 件,各工序月末在产品分别为:第一工序 420 件,第二工序 380 件,第三工序 200 件。单位产品材料消耗定额为 2 000.00 元,其中:第一工序 1 000.00 元,第二工序 600.00 元,第三工序 400.00 元。单位产品工时定额为 250 小时,其中:第一工序 100 小时,第二工序 100 小时,第三工序 50 小时。生产费用合计为:直接材料费用 114 280.00 元,直接人工费用 46 682.00 元,制造费用 41 190.00 元。

【要求】采用约当产量法分配生产费用,列出计算过程。

5. 远洋公司本月生产 G 铸件,原材料在生产开始时一次投入。月初在产品 850 件,成本为 55 000.00 元。本月发生直接材料费用 336 500.00 元,加工费 8 500.00 元。本月投产 4 950 件,月末在产品 800 件。

【要求】采用在产品按所耗原材料费用计价法计算 G 铸件完工产品成本,列出计算过程。

6. 福丰公司本月生产 W 产品,完工产品 3 000 件。月末在产品 2 000 件,已接近完工。生产费用合计为:直接材料费用 225 000.00 元,直接人工费用 90 000.00 元,制造费用 115 000.00 元。

【要求】采用在产品按完工产品成本计算法分配生产费用,列出计算过程。

7. 汇海公司本月生产丙产品,月末在产品 1 500 件,单位在产品直接材料成本定额为 38.00 元,单位在产品工时定额为 10 小时。计划小时工资率为 2.00 元 / 小时,计划小时制造费用率为 2.20 元 / 小时。生产费用合计为:直接材料费用 258 000.00 元,直接人工费用 86 000.00 元,制造费用 124 000.00 元。

【要求】采用在产品按定额成本计价法分配生产费用,列出计算过程。

8. 润华公司本月生产乙产品,完工产品 4 000 件,月末在产品 1 000 件。原材料在开工时一次投入。单位产品的材料定额消耗量为 10 千克。单位产品的工时定额为 8 小时,单位在产品的工时定额为 4 小时。生产费用合计为:直接材料费用 600 000.00 元,直接人工费用 288 000.00 元,制造费用 360 000.00 元。

【要求】采用定额比例法分配生产费用,列出计算过程。

综 合 题 二

【目的】采用在产品按固定成本计算法分配生产费用。

【资料】2020 年 8 月,海峡公司各种产品应负担的生产费用见任务 3 至任务 5 综合题的核算结果。产品产量资料见附表 1-4,月初在产品成本资料见附表 1-5。

【要求】

（1）根据任务 3 至任务 5 综合题中填制的记账凭证及所附原始凭证，登记“生产成本明细账”（见附表 1–37 和附表 1–38）。结计“生产成本明细账”“本月合计”和“生产费用合计”数。

（2）根据“生产成本明细账”的记录、“产品生产情况通知单”和“月初在产品成本资料”，采用在产品按固定成本计算法计算完工产品成本，编制“产品成本计算单”（见附表 1–35 和附表 1–36）。

（3）根据“产品成本计算单”，填制通用记账凭证（见附表 1–39）。注：假设此前业务已编至第 75 号记账凭证。

（4）登记“生产成本明细账”（见附表 1–37 和附表 1–38），并结计“生产成本明细账”中的“月末在产品成本”数。

综 合 题 三

【目的】采用约当产量法分配生产费用。

【资料】闽江公司 2020 年 9 月份圆珠笔投产 19 380 盒，完工 16 300 盒，月末在产品 3 080 盒。原材料在生产开始时一次投入。月末在产品完工程度为 50%。月初在产品成本和本月发生生产费用情况见附表 1–40。

【要求】

（1）根据有关资料，采用约当产量法分配生产费用，编制“产品成本计算单”（见附表 1–40）。

（2）根据“产品成本计算单”，填制通用记账凭证（见附表 1–41）。注：假设此前业务已编至第 52 号记账凭证。

综 合 题 四

【目的】采用约当产量法分配多工序产品的生产费用。

【资料】2020 年 9 月，下院公司生产的 D 产品经过两道工序加工完成，原材料在第一工序开工时一次投入。有关产品定额工时和月末在产品产量资料见附表 1–42，有关生产费用资料见附表 1–43。

【要求】

（1）根据资料运用约当产量法计算在产品完工程度及约当产量（见附表 1–44），编制“产品成本计算单”（见附表 1–45）。

（2）填制记账凭证（见附表 1–46）。注：假设此前已编至第 162 号记账凭证。

综 合 题 五

【目的】采用在产品按所耗原材料费用计价法分配生产费用。

【资料】白湖公司生产的乙产品，直接材料费用在产品成本中所占比重较大，在产品只计算材料成本。原材料在开工时一次投入。2020 年 9 月，产品产量资料见附表 1–47。

【要求】

（1）根据资料编制“产品成本计算单”（见附表 1–47）。

（2）填制记账凭证（见附表 1–49）。注：假设此前已编至第 89 号记账凭证。

（3）根据记账凭证登记“生产成本明细账”（见附表 1–48）。

综 合 题 六

【目的】采用在产品按完工产品成本计算法分配生产费用。

【资料】丰达公司生产的H产品月末在产品通常已接近完工，月末在产品成本按完工产品计价。7月份H产品完工5 300件，月末在产品700件。原材料在生产开始时一次投入。生产费用情况见附表1–50。

【要求】

(1) 根据资料编制“产品成本计算单”（见附表1–50）。

(2) 填制记账凭证（见附表1–51）。注：假设此前已编至第95号记账凭证。

综 合 题 七

【目的】采用在产品按定额成本计价法分配生产费用。

【资料】2020年9月，茶亭公司生产的M产品有关生产费用和产量资料见附表1–52。原材料在开工时一次投入。M产品定额资料见附表1–53。

【要求】

(1) 根据资料编制产品成本计算单（见附表1–52）。

(2) 填制记账凭证（见附表1–54）。注：假设此前已编至第81号记账凭证。

综 合 题 八

【目的】采用定额比例法分配生产费用。

【资料】2020年9月，茶亭公司生产的M产品有关生产费用、产量资料和产品定额资料见附表1–52和附表1–53。

【要求】

(1) 采用定额比例法分配生产费用，编制“产品成本计算单”（见附表1–55）。分配率保留4位有效小数，金额保留至元位。

(2) 填制记账凭证（见附表1–56）。注：假设此前已编至第81号记账凭证。

任务 7　采用品种法计算产品成本

学习框架

本任务的学习框架如图 7 所示。

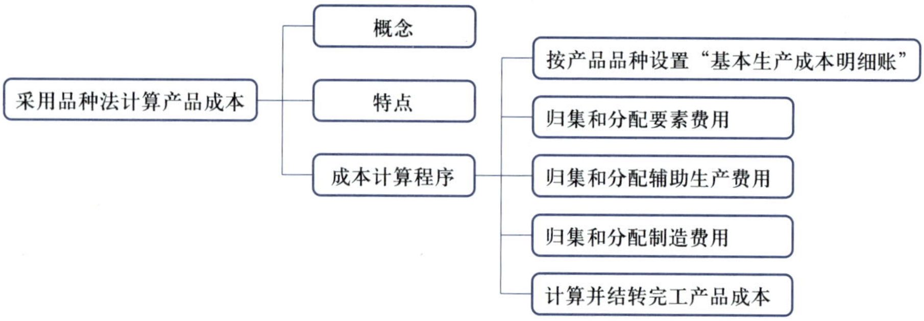

图 7　任务 7 的学习框架图

学习建议

学习品种法时，注意以下要领：

(1) 开设成本费用明细账。按产品品种开设“基本生产成本明细账”(或“产品成本计算单”)；按车间名称分别开设“辅助生产成本明细账”和“制造费用明细账”。

(2) 根据受益原则，运用任务 3 所学方法分配要素费用，填制凭证并据以登记“辅助生产成本明细账”“制造费用明细账”和“基本生产成本明细账”(或“产品成本计算单”)。

(3) 运用任务 4 所学方法分配辅助生产费用，填制凭证并据以登记相关成本费用明细账。

(4) 运用任务 5 所学方法分配制造费用，填制凭证并据以登记相关成本费用明细账。

(5) 运用任务 6 所学方法在完工产品和在产品之间分配生产费用，计算完工产品成本和在产品成本，填制记账凭证并据以登记“基本生产成本明细账”(或“产品成本计算单”)。

关键概念

1. 品种法

品种法是以产品的品种作为成本计算对象，按产品品种归集生产费用，计算产品成本的一种方法。它是最基本的成本计算方法。

2. 大量生产

大量生产是指不断地重复生产一种或几种产品的生产，如自来水、面粉、化肥、酿酒、造纸等企业的生产。

3. 成批生产

成批生产是指按事先规定的产品批别和数量，轮番进行若干种产品的生产，如服装、制药、机械等企业的生产。

4. 单件生产

单件生产是指根据订货单位所提出的要求，进行特定规格和数量的产品生产，如精密仪器、重型机械、造船、专用设备等企业的生产。

5. 单步骤生产

单步骤生产也称简单生产，是指产品的生产工艺过程不能间断、不可能或不需要划分为几个生产步骤的生产，如发电、采掘等工业生产。

6. 多步骤生产

多步骤生产也称为复杂生产，是指生产工艺过程由若干个可以间断的、分散在不同地点，分别在不同时间进行的生产步骤所组成的生产，如纺织、机械、冶金、服装、造纸等工业企业生产。

同步训练

一、单项选择题

1. 产品成本计算最基本的方法是（　　）。

A. 分步法　　B. 分类法

C. 品种法　　D. 分批法

2. 适用于大量大批多步骤生产企业，且管理上不要求分步计算产品成本的成本计算方法是（　　）。

A. 分批法　　B. 分类法

C. 品种法　　D. 分步法

3. 区别各种成本计算基本方法的主要标志是（　　）。

A. 成本计算日期

B. 成本计算对象

C. 完工产品与在产品之间分配成本的方法

D. 成本的计算程序

4. 品种法的产品成本计算单应按（　　）分别开设。

A. 生产步骤　　B. 生产单位

C. 产品品种　　D. 半产品品种

5. 工业企业主要经营产品的产品成本计算最终是通过（　　）科目进行的。

A. 生产成本——基本生产成本　　B. 生产成本——辅助生产成本

C. 制造成本　　D. 制造费用

6. 各种产品成本计算方法的命名取决于该企业的（　　）。

A. 生产类型　　B. 管理要求

C. 成本计算对象　　D. 成本计算程序

二、多项选择题

1. 品种法适用于(　　)。
   A. 大量生产　　B. 单步骤生产
   C. 要求分步计算成本的多步骤生产　　D. 单件小批生产
   E. 管理上不要求分步骤计算成本的多步骤生产
2. 属于产品成本计算的基本方法有(　　)。
   A. 定额法　　B. 分批法
   C. 分步法　　D. 品种法
   E. 分类法
3. 受生产特点和管理要求的影响,产品成本计算对象包括(　　)。
   A. 产品批别　　B. 产品品种
   C. 产品生产步骤　　D. 产品数量
   E. 产品质量
4. 有关品种法计算程序的叙述,正确的有(　　)。
   A. 如果仅生产一种产品,只需为该产品开设“基本生产成本明细账”
   B. 如果仅生产多种产品,要按照产品的品种分别开设“基本生产成本明细账”
   C. 发生的直接成本直接计入各产品“基本生产成本明细账”
   D. 发生的间接成本则采用适当的分配方法在各种产品之间进行分配
   E. 如果生产产品要经过多个生产步骤才能完成,就需要按生产步骤计算产品成本
5. 工业企业在确定产品成本计算方法时,需要考虑的因素有(　　)。
   A. 生产组织　　B. 生产特点
   C. 工艺过程　　D. 客户需要
   E. 管理需要
6. 工业企业的生产按照产品生产组织的特点划分,可以分为(　　)。
   A. 大量生产　　B. 成批生产
   C. 单步骤生产　　D. 单件生产
   E. 多步骤生产
7. 适合采用品种法计算产品成本的企业有(　　)。
   A. 汽车制造　　B. 采掘
   C. 纺织　　D. 发电
   E. 轮船制造

三、判断题

(　　) 1. 在所有的成本计算方法中,品种法是最基本的方法,计算出每种产品的单位成本就是企业进行成本计算的最终目的。

(　　) 2. 品种法应按照生产单位开设“产品成本计算单”。

(　　) 3. 一般来说,纺织、发电、采掘等生产企业宜采用品种法计算产品成本。

(　　) 4. 单步骤生产一般采用品种法计算产品成本。

(　　) 5. 品种法的成本计算期与生产周期一致，与会计报告期不一致。

(　　) 6. 产品生产的工艺过程是指产品从投产到完工的生产工艺技术加工过程。

(　　) 7. 发电、采掘企业的生产属于大量大批的多步骤生产。

(　　) 8. 单步骤生产是指工艺技术过程不能间断，或者不便于分散在不同地点进行的生产。

(　　) 9. 多步骤生产又称复杂生产。

(　　) 10. 造船、重型机械制造等企业的生产属于单件小批生产类型。

(　　) 11. 一个企业可以对不同的产品采用不同的成本计算方法。

(　　) 12. 产品成本计算的基本方法和辅助方法都可以根据企业的生产特点单独使用。

四、综合题

综 合 题 一

【目的】归集和分配材料费用。

【资料】果之选公司有两个基本生产车间，其中，一车间生产果汁果冻和乳酸果冻；二车间生产果肉果冻。还有供电车间和机修车间两个辅助生产车间，为企业提供电力产品和各种修理劳务。

该企业采用品种法计算产品成本，辅助生产车间不设置“制造费用”科目。原料和辅料均在生产开始时一次投入。2020 年 8 月领用材料情况见附表 2–1，产品产量资料见附表 2–2。一车间共同领用的原料和辅料按鱼胶粉定额消耗量比例分配。每千克果汁果冻鱼胶粉消耗定额为 0.1 千克，每千克乳酸果冻鱼胶粉消耗定额为 0.125 千克，每千克果肉果冻鱼胶粉消耗定额为 0.1 千克。月初在产品成本见附表 2–3。

【要求】

(1) 开设果汁果冻、乳酸果冻和果肉果冻的“产品成本计算单”（见附表 2–4~ 附表 2–6），供电车间、机修车间的“辅助生产成本明细账”（见附表 2–7 和附表 2–8），一车间、二车间的“制造费用明细账”（见附表 2–9 和附表 2–10），结计“月初在产品成本”数。

(2) 根据资料编制“材料费用分配表”（见附表 2–11）。

(3) 根据“材料费用分配表”填制通用记账凭证（见附表 2–12）。注：假设此前已编至 105 号记账凭证。

(4) 登记“产品成本计算单”，以及“辅助生产成本明细账”和“制造费用明细账”（见附表 2–4~ 附表 2–10）。

综 合 题 二

【目的】归集和分配其他要素费用。

【资料】续综合题一。2020 年 8 月，果之选公司职工薪酬情况见附表 2–13。车间工人的工资薪酬按生产工时比例分配，产品生产工时见附表 2–14。固定资产折旧费用见附表 2–15，外购动力费用见附表 2–16，待摊费用分摊情况见附表 2–17，办公费和水费见附表 2–18。

【要求】

(1) 根据资料，编制“职工薪酬费用分配表”（见附表 2–19），并据以填制记账凭证（见附表 2–20 和附表 2–21）。

（2）根据资料，编制“固定资产折旧费用分配表”（见附表 2–22），并据以填制记账凭证（见附表 2–23）。

（3）根据资料，编制“外购动力费用分配表”（见附表 2–24），并据以填制记账凭证（见附表 2–25）。

（4）根据资料，编制“待摊费用分配表”（见附表 2–26），并据以填制记账凭证（见附表 2–27）。

（5）根据资料，编制“办公费和水费分配表”（见附表 2–28），并据以填制记账凭证（见附表 2–29）。

（6）根据记账凭证编制“产品成本计算单”，并登记“辅助生产成本明细账”和“制造费用明细账”（见附表 2–7~ 附表 2–10）。

综 合 题 三

【目的】归集和分配辅助生产费用。

【资料】续综合题二。2020 年 8 月，果之选公司发生的辅助生产费用见综合题二的核算结果。辅助生产车间产品和劳务供应量见附表 2–30。

【要求】

（1）采用直接分配法分配辅助生产费用，编制“辅助生产费用分配表”（见附表 2–31）。

（2）根据“辅助生产费用分配表”填制通用记账凭证（见附表 2–32）。

（3）根据记账凭证编制“产品成本计算单”，并登记“辅助生产成本明细账”和“制造费用明细账”（见附表 2–7~ 附表 2–10）。

综 合 题 四

【目的】归集和分配制造费用。

【资料】续综合题三。2020 年 8 月，果之选公司发生的制造费用见综合题三的核算结果。产品生产工时资料见附表 2–14。

【要求】

（1）按生产工时比例分配一车间制造费用，编制“制造费用分配表”（见附表 2–33）。

（2）根据一车间“制造费用分配表”和二车间“制造费用明细账”的记录，编制“制造费用分配汇总表”（见附表 2–34）。

（3）根据“制造费用分配汇总表”填制记账凭证（见附表 2–35）。

（4）根据记账凭证编制“产品成本计算单”，并登记“辅助生产成本明细账”和“制造费用明细账”（见附表 2–7~ 附表 2–10）。

综 合 题 五

【目的】计算并结转完工产品成本。

【资料】续综合题四。2020 年 8 月，果之选公司各产品发生的生产费用见综合题四的核算结果。产品产量资料见附表 2–2。原料和辅料均在生产开始时一次投入，月末在产品完工程度均为 50%，月末在产品采用约当产量法进行计算。

【要求】

(1) 将归集的生产费用在完工产品与月末在产品之间进行分配，计算果汁果冻、乳酸果冻和果肉果冻的总成本和单位成本，编制“产品成本计算单”。

(2) 根据“产品成本计算单”编制“完工产品成本汇总表”(见附表 2–36)。

(3) 根据“完工产品成本汇总表”填制记账凭证(见附表 2–37)。

任务 8　采用分批法计算产品成本

学习框架

本任务的学习框架如图 8 所示。

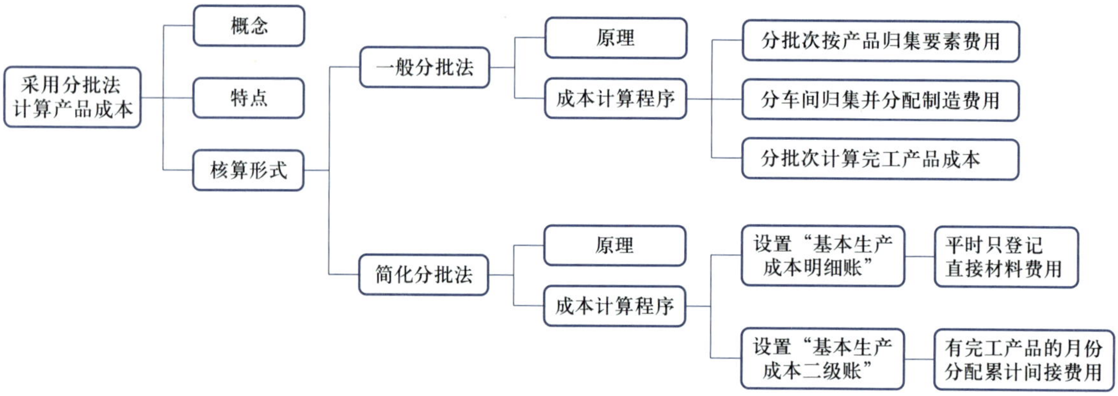

图 8　任务 8 的学习框架图

学习建议

1. 关于分批法的学习

分批法与品种法、分步法相比，最主要的特点是成本计算对象为产品批别或订单，体现在实际操作上就是按产品批别或订单开设“基本生产成本明细账”。

2. 关于简化分批法的学习

分批法有一般分批法和简化分批法之分。在简化分批法下，除按产品批别或订单开设“基本生产成本明细账”外，还需要开设“基本生产成本二级账”。“基本生产成本明细账”平时只登记直接材料费用和生产工时；“基本生产成本二级账”登记所有批次产品的各项生产费用和累计生产工时。

有完工产品的月份，在月末计算结转完工产品成本。

(1) 根据“基本生产成本明细账”，运用任务 6 所学方法及其核算原理分配完工产品应负担的直接材料费用。

(2) 根据“基本生产成本二级账”，计算分配完工产品应负担的累计加工费用(累计间接费用)。计算公式如下：

① 分配累计直接人工费用：

$$累计直接人工费用分配率=\frac{全部产品累计直接人工费用}{全部产品累计生产工时}$$

$$\begin{array}{c}某批完工产品应分配\\累计直接人工费用\end{array}=\begin{array}{c}该批完工产品\\累计生产工时\end{array}\times\begin{array}{c}累计直接人工\\费用分配率\end{array}$$

② 分配累计制造费用：

$$累计制造费用分配率=\frac{全部产品累计制造费用}{全部产品累计生产工时}$$

$$\begin{array}{c}某批完工产品应分配\\累计制造费用\end{array}=\begin{array}{c}该批完工产品\\累计生产工时\end{array}\times\begin{array}{c}累计制造费用\\分配率\end{array}$$

关键概念

1. 分批法

分批法是以产品的批别或订单作为成本计算对象，以此归集生产费用、计算产品成本的一种方法。

2. 简化分批法

简化分批法是一般分批法的简化形式，是通过期末在产品不负担加工费用来达到简化核算目的，即将每月发生的加工费用累加，直到产品完工的那个月份，按工时比例在各批完工产品之间进行分配。

同步训练

一、单项选择题

1. 分批法的成本计算对象是（　　）。

A. 产品的品种　　B. 产品的生产步骤
C. 产品的批别或订单　　D. 产品的生产车间

2. 分批法的成本计算期按（　　）计算。

A. 月　　B. 生产周期
C. 季度　　D. 年

3. 采用分批法计算产品成本时，应按产品的（　　）设置“基本生产成本明细账”。

A. 品种　　B. 批别或订单
C. 类别　　D. 生产步骤

4. 采用简化的分批法计算产品成本，“基本生产成本二级账”与“基本生产成本明细账”无法核对的项目是（　　）。

A. 月末在产品原材料项目余额　　B. 月末在产品生产工时项目余额
C. 月末在产品间接计入费用项目余额　　D. 完工产品成本合计数

5. 采用(　　)计算产品成本,必须设置“基本生产成本二级账”。

A. 品种法　　B. 简化分批法

C. 平行结转分步法　　D. 分批法

二、多项选择题

1. 分批法的核算形式主要有(　　)。

A. 一般分批法　　B. 简化分批法

C. 单步骤分批法　　D. 多步骤分批法

E. 逐步结转法

2. 简化的分批法需要按批别特别设立(　　)。

A. 基本生产成本明细账　　B. 基本生产成本二级账

C. 期间费用明细账　　D. 期间费用总分类账

E. 各生产步骤明细账

3. 在简化分批法下,“基本生产成本明细账”平时只登记(　　)。

A. 原材料费用　　B. 生产工人的薪酬

C. 制造费用　　D. 生产工时

E. 各生产步骤制造费用

4. 在简化分批法下,“基本生产成本二级账”登记(　　)。

A. 累计生产工时　　B. 累计投产的原材料费用

C. 累计工资及福利　　D. 累计的制造费用

E. 各批次产品产量

三、判断题

(　　)1. 分批法的成本计算期就是会计报告期。

(　　)2. 分批法一般不需要计算期末在产品成本。

(　　)3. 生产批数较多的生产企业适合采用一般分批法。

(　　)4. 分批法适用于小批、单件,管理上不要求分步骤计算产品成本的多步骤生产。

(　　)5. 采用简化分批法计算产品成本时,只要产品尚未完工,其“基本生产成本明细账”就不登记生产费用。

(　　)6. 简化分批法,也称不分批计算在产品成本的分批法。采用该种方法只在产品完工时才对完工产品分配累计间接计入费用,计算完工产品成本。

(　　)7. 采用简化分批法计算产品成本时,对发生的间接费用,可以先在各批产品成本明细账中按成本项目累计起来。

(　　)8. 采用简化分批法计算产品成本,未完工产品不分配结转累计间接费用。

四、综合题

综合题一

【目的】归集和分配要素费用。

【资料】德阳市星星服装厂专门生产各种学生订制服装,主要包括学生军训迷彩服、学生运动校服,以及各种模拟职业套装等,采用分批法计算产品成本。该企业 2020 年 10 月的生产情况和生产费用情况如下:

(1) 本月生产的产品批号如下：

① 201001 批：天意职业学校学生军训迷彩服 2 500 套，10 月 2 日投产，本月完工 2 100 套。

② 201002 批：西华外国语学校学生校服 1 200 套，10 月 20 日投产，本月全部未完工。

③ 201003 批：西京航空职业技术学校航空制服 800 套，9 月 15 日投产，本月完工 120 套。

(2) 发生的材料费用情况见附表 3–1。发生的职工薪酬费用情况见附表 3–2。

【要求】

(1) 根据产品批号开设各批次产品“基本生产成本明细账”（见附表 3–3~ 附表 3–5）。

(2) 根据“材料费用分配汇总表”和“职工薪酬费用分配汇总表”填制记账凭证（见附表 3–6 和附表 3–7）。注：假设此前已编至 57 号记账凭证。

(3) 登记“基本生产成本明细账”（见附表 3–3~ 附表 3–5）。

综合题二

【目的】归集和分配制造费用。

【资料】续综合题一。2020 年 10 月，德阳市星星服装厂发生的制造费用见附表 3–8。

【要求】

(1) 根据“制造费用分配汇总表”填制记账凭证（见附表 3–9）。

(2) 登记“基本生产成本明细账”（见附表 3–3~ 附表 3–5）。

综合题三

【目的】计算结转完工产品成本。

【资料】续综合题二。2020 年 10 月，德阳市星星服装厂各批次产品发生的生产费用见综合题二的核算结果。完工产品与在产品之间的生产费用分配方法：

(1) 201001 批：天意军训迷彩服本月完工数量较大，原材料在生产开始时一次投入，其费用按完工产品和在产品的数量比例分配，其他费用按约当产量法在完工产品和在产品之间分配；在产品完工程度为 50%。

(2) 201002 批：西华学生校服本月全部未完工，本月生产费用全部是在产品成本。

(3) 201003 批：西京航空制服本月完工数量少，为简化核算，完工产品按计划成本结转，每套制服计划成本为：原材料 200.00 元，职工薪酬费用 80.00 元，制造费用 30.00 元。

【要求】计算各批产品的完工产品成本和月末在产品的成本，登记各批产品“基本生产成本明细账”（见附表 3–3~ 附表 3–5）。

综合题四

【目的】采用简化分批法计算产品成本。

【资料】成都市星星童鞋厂是一家以生产儿童皮鞋为主的企业。其生产的童鞋品种、款式较多，每月生产的批次也较多，所以该企业采用简化分批法计算产品的成本。2020 年 9 月该企业发生的相关成本资料如下（原始单据略）：

(1) 第 2020701 批：女童真皮公主鞋 20 000 双，4 月投产，本月完工。

(2) 第 2020802 批：头层牛皮亲子鞋 3 500 双，5 月投产，本月尚未完工。

（3）第 2020803 批：PU 皮时尚彩虹女童鞋 20 000 双，5 月投产，本月完工 5 000 双。

（4）第 2020804 批：软底牛皮休闲男童鞋 5 000 双，8 月投产，本月完工。

（5）第 2020901 批：韩版太阳花真皮女童鞋 3 000 双，9 月投产，本月尚未完工。

该企业开设的“基本生产成本二级账”见附表 3–10，开设的“基本生产成本明细账”见附表 3–11~ 附表 3–15。

【要求】

（1）根据本月给出的“基本生产成本明细账”资料，把本月的“基本生产成本二级账”中“原材料”和“生产工时”栏中在产品和本月发生相关项目填写完整。

（2）根据“基本生产成本明细账”和“基本生产成本二级账”中的相关资料，计算全部产品的累计间接费用分配率。（注：要求写出计算过程。）

（3）本月没有完工产品的批次，需计算“基本生产成本明细账”中的累计数。

（4）本月有完工产品的批次，先计算累计数，再根据全部产品的累计间接费用分配率等计算本月应转出完工产品的总成本和完工产品的单位成本。

（5）汇总本月“基本生产成本明细账”，计算全部完工产品的成本，填入“基本生产成本二级账”中相关项目内。

（6）计算填写“基本生产成本二级账”中月末在产品的相关项目。

任务 9　采用分步法计算产品成本

学习框架

本任务的学习框架如图 9 所示。

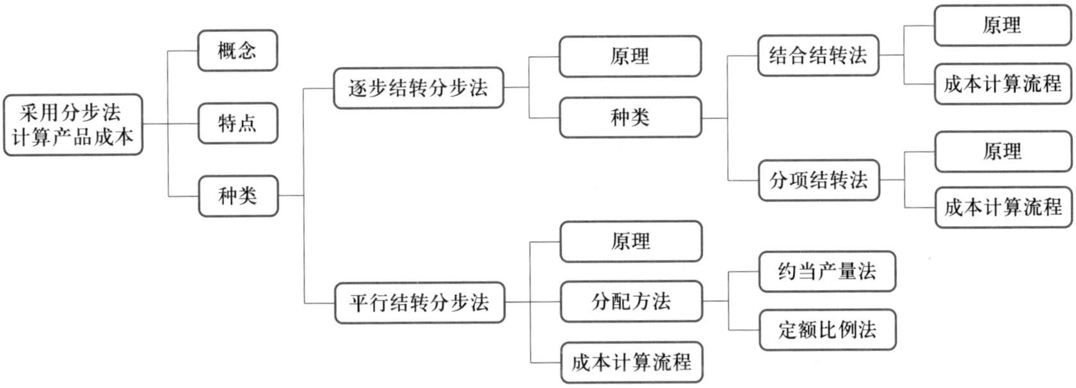

图 9　任务 9 的学习框架图

学习建议

1. 分步法的主要特点

分步法与品种法、分批法相比，最主要的特点是成本计算对象为各产品的生产步骤，体现在实际操作上就是按产品的生产步骤开设“基本生产成本明细账”。分步法分为逐步结转分步法和平行结转分步法。其中逐步结转分步法又可分为综合结转分步法和分项结转分步法。

运用任务 3 至任务 5 所学方法及其核算原理分配要素费用、辅助生产费用和制造费用，填制凭证并据以登记“辅助生产成本明细账”“制造费用明细账”和“基本生产成本明细账”。

2. 综合结转分步法

通过主教材中的图 9–5 理解综合结转分步法成本计算流程。

假设第三步骤为最终生产步骤。

(1) 根据第一步骤产品成本计算单编制如下会计分录：

借：生产成本——基本生产成本（第二步骤）　　32 000.00

　　贷：生产成本——基本生产成本（第一步骤）　　32 000.00

(2) 根据第二步骤产品成本计算单编制如下会计分录：

借：生产成本——基本生产成本（第三步骤）　　40 000.00

　　贷：生产成本——基本生产成本（第二步骤）　　40 000.00

(3) 根据第三步骤产品成本计算单编制如下会计分录：

借：库存商品——××产品　55 000.00

　贷：生产成本——基本生产成本（第三步骤）　55 000.00

在综合结转分步法下，半成品成本随着实物的转移而结转。

3. 分项结转分步法

通过主教材中的图 9–8 理解分项结转分步法成本计算流程。

同样地，在分项结转分步法下，半成品成本随着实物的转移而结转。

分项结转分步法与综合结转分步法编制的会计分录是相似的。不同的是：在登记“基本生产成本明细账”（或“产品成本计算单”）时，将上一步骤半成品成本按原始成本项目即按直接材料、直接人工和制造费用三个项目分别转入下一步骤“基本生产成本明细账”（或“产品成本计算单”）中相应的成本项目内。

4. 平行结转分步法

通过主教材中的图 9–10 理解平行结转分步法成本计算流程。

根据三个步骤产品成本计算单和产成品成本计算表编制如下会计分录：

借：库存商品——××产品　21 000.00

　贷：生产成本——基本生产成本（第一步骤）　12 800.00

　　　　　　——基本生产成本（第二步骤）　4 600.00

　　　　　　——基本生产成本（第三步骤）　3 600.00

可以看出，在平行结转分步法下，与综合结转分步法和分项结转分步法的不同，不计算结转半成品成本。

5. 本任务的学习难点

在平行结转分步法下，运用约当产量法是学习难点，判断哪些在产品属于广义在产品则是学习难点中的关键点。

在平行结转分步法下，应用约当产量法的要点包括：

(1) 按生产步骤运用约当产量法计算各步骤生产费用应计入产成品成本的“份额”。

(2) 受益对象是产成品和本步骤月末广义在产品。

(3) 分配标准是产品产量。产成品参与分配的分配标准是产成品的产品产量，本步骤月末广义在产品参与分配的分配标准是本步骤月末广义在产品数量折算为大约相当于产成品的产品产量（即本步骤月末广义在产品约当产量）。

广义在产品是指期末没有完成全部生产过程、不能作为商品销售的产品。与广义在产品相对的完工产品是产成品。现举例说明如下：

假设某产品经过三道工序加工完成，本月产成品数量为 15 件。原材料在生产开始时一次投料。另外，假设第一、第二工序完工产品被下一工序直接领用，即半成品不通过仓库收发。月末在产品数量为：第一工序 5 件、第二工序 10 件、第三工序 5 件。各工序在产品完工程度均按 50% 计算。

由于平行结转分步法下半成品成本不随实物转移而结转，因此，分配本步骤生产费用时，本步骤在产品和耗用本步骤半成品的后续步骤在产品（两者均系本步骤广义在产品）都应该参与分配。

［第一工序］ 第一工序广义在产品包括第一工序在产品与后续生产步骤（第二、第三工序）在产品。

第一工序按投料程度计算的广义在产品约当产量 =5 × 100%+（10+5）=20（件）
第一工序分配直接材料费用的约当总产量 =15+20=35（件）
第一工序按完工程度计算的广义在产品约当产量 =5 × 50%+（10+5）=17.5（件）
第一工序分配直接人工费用和制造费用的约当总产量 =15+17.5=32.5（件）

［第二工序］ 第二工序广义在产品包括第二工序在产品与后续生产步骤（第三工序）在产品。

由于原材料在生产开始时（即第一工序）一次投料，因此，第二工序和第三工序没有发生材料费用，就不需要计算第二工序按投料程度计算的广义在产品约当产量。

第二工序按完工程度计算的广义在产品约当产量 =10 × 50%+5=10（件）
第二工序分配直接人工费用和制造费用的约当总产量 =15+10=25（件）

［第三工序］ 因为第三工序是最后生产步骤，所以，第三工序广义在产品就是第三工序在产品。

第三工序按完工程度计算的广义在产品约当产量 =5 × 50%=2.5（件）
第三工序分配直接人工费用和制造费用的约当总产量 =15+2.5=17.5（件）

各工序广义在产品约当产量的具体运用可参考主教材中的表 9–44 至表 9–47。

关键概念

1. 分步法

分步法是指以生产过程中每种产品的各个加工步骤为成本核算对象，归集和分配生产费用，计算产品成本的一种方法。

2. 逐步结转分步法

逐步结转分步法是为了分步计算半成品成本而采用的一种分步法，也称计算半成品成本分步法。它是指按照产品加工顺序，逐步计算并结转半成品成本，直到最后加工步骤完成才能计算产成品成本的一种方法。

3. 综合结转分步法

综合结转分步法是指将上一步骤转入下一步骤的半成品成本，以综合成本转入下一步骤“产品成本计算单”的“直接材料”或专设的“半成品”项目中，而不分成成本项目反映的一种逐步结转分步法。

4. 分项结转分步法

分项结转分步法是指将上一步骤半成品成本按原始成本项目，如“直接材料”“直接人工”“制造费用”等项目分别转入下一步骤“产品成本计算单”中相对应的成本项目内的一种逐步结转分步法。

5. 平行结转分步法

平行结转分步法也称不计算半成品成本法，是指各生产步骤不计算半成品成本，只计算本步骤所发生的生产费用应计入产成品成本“份额”的一种方法。

同步训练

一、单项选择题

1. 产品成本计算的分步法是按产品的(　　)归集生产费用,计算产品成本的一种方法。

A. 品种　　B. 批别

C. 生产步骤　　D. 类别

2. 分步法适合于(　　)的企业。

A. 大量成批生产　　B. 大量大批多步骤生产

C. 单件小批生产　　D. 单步骤生产

3. 在分步法下,半成品已经转移,但成本不随实物转移而结转的成本计算方法是(　　)。

A. 逐步结转分步法　　B. 平行结转分步法

C. 综合结转分步法　　D. 分项结转分步法

4. 将上一步骤转入下一步骤的半成品成本,以综合成本转入下一步骤“产品成本计算单”的“直接材料”或专设的“半成品”项目中。这种成本计算方法称为(　　)。

A. 逐步结转分步法　　B. 平行结转分步法

C. 综合结转分步法　　D. 分项结转分步法

5. 将上一步骤半成品成本按原始成本项目,如“直接材料”“直接人工”“制造费用”等项目分别转入下一步骤“产品成本计算单”中相对应的成本项目中。这种成本计算方法称为(　　)。

A. 逐步结转分步法　　B. 平行结转分步法

C. 综合结转分步法　　D. 分项结转分步法

6. 在平行结转分步法下,完工产品与在产品之间的费用分配,是指(　　)之间的分配。

A. 产成品与本步骤广义在产品

B. 产成品与狭义在产品

C. 各步骤完工半成品和月末加工中的在产品

D. 前面步骤的产成品与最后步骤的狭义在产品

7. 在分步法下,需要进行成本还原的成本计算方法是(　　)。

A. 逐步结转分步法　　B. 平行结转分步法

C. 综合结转分步法　　D. 分项结转分步法

8. 假设某产品的生产包括三个生产步骤,采用平行结转分步法计算产品成本,则第二生产步骤的广义在产品不包括(　　)。

A. 第三生产步骤正在加工的在产品　　B. 第二生产步骤正在加工的在产品

C. 第二生产步骤完工入库的半成品　　D. 第一生产步骤正在加工的在产品

9. 采用平行结转分步法计算产品成本时,自制半成品入库,(　　)。

A. 应借记“自制半成品”科目　　B. 应借记“制造费用”科目

C. 应借记“基本生产成本”科目　　D. 暂时不做账务处理

10. 采用平行结转分步法计算产品成本时,(　　)。

A. 不能提供所有步骤半成品的成本资料

B. 只能提供第二步骤半成品成本资料

C. 只能提供最后步骤半成品成本资料

D. 只能提供第一步骤半成品成本资料

11. 在综合结转分步法下，当上一步骤完工的半成品全部转入下一步骤继续加工时，上一步骤“产品成本计算单”中的完工产品成本，与下一步骤“产品成本计算单”中“半成品”项目的本月发生额之间的关系是（　　）。

A. 没有必然联系　　B. 前者大于后者

C. 两者必然相等　　D. 后者大于前者

12. 当管理上要求分步计算半成品成本时，应当采用（　　）。

A. 分类法　　B. 平行结转分步法

C. 分批法　　D. 逐步结转分步法

13. 综合结转分步法进行成本还原的目的是为了按（　　）反映完工产品成本。

A. 费用要素　　B. 计划成本

C. 实际成本　　D. 原始成本项目

14. 对于管理上不要求计算各步骤完工半成品所耗半成品费用和本步骤加工费用，而要求按原始成本项目计算产品成本的企业，假如选择分步法计算产品成本，建议采用（　　）。

A. 综合结转分步法　　B. 分项结转分步法

C. 平行结转分步法　　D. 按计划成本结转法

15. 适合采用分步法计算产品成本的企业是（　　）。

A. 制药　　B. 纺织

C. 重型机械　　D. 服装

二、多项选择题

1. 适合于采用分步法计算产品成本的企业有（　　）。

A. 纺织　　B. 采掘

C. 冶金　　D. 发电

E. 造船

2. 根据成本管理对各个生产步骤成本资料和简化核算的要求的不同，可将分步法分为（　　）。

A. 逐步结转分步法　　B. 平行结转分步法

C. 综合结转分步法　　D. 分项结转分步法

E. 不计算在产品成本法

3. 关于分步法的表述，正确的有（　　）。

A. 分步法是把生产过程中各个加工步骤作为成本计算对象

B. 为了正确计算完工产品成本，月末需将归集在“基本生产成本明细账”中的生产成本在完工产品和在产品之间进行分配

C. 既要按品种计算和结转成本，还要计算和结转产品的各步骤成本

D. 分配生产费用均在完工产品和狭义在产品之间进行

E. 计算产品成本均需进行成本还原

4. 采用平行结转分步法计算产品成本时，本步骤的广义在产品包括（　　）。

A. 本步骤月末在产品　　B. 本步骤完工入库的半成品

C. 后续各步骤在产品　　D. 后续各步骤完工入库半成品

E. 尚未验收入库的产成品

5. 关于平行结转分步法的表述，正确的有（　　）。

A. 不必逐步结转半成品成本

B. 各步骤可以同时计算产品成本

C. 能提供各个步骤半成品的成本资料

D. 能直接提供按原始成本项目反映的产成品成本资料

E. 又称为计算半成品成本分步法

三、判断题

（　　）1. 采用分步法计算产品成本时，应当按照产品的生产步骤设立“基本生产成本明细账”。

（　　）2. 在逐步结转分步法下，每一生产步骤的生产成本要在最终完工产品与该步骤在产品及其后续步骤在产品之间进行分配。

（　　）3. 平行结转分步法的优点在于：各步骤的成本资料随同产品的移送而转移，便于实物和资金的管理。

（　　）4. 采用分项逐步结转分步法时，为了反映产品成本的原始构成，必须进行成本还原。

（　　）5. 在实际工作中，分步法下产品成本计算的分步与产品的生产步骤未必完全一致。

（　　）6. 在分步法下，产品成本的计算是不定期进行的。

（　　）7. 采用逐步结转分步法计算产品成本时，不能提供各个生产步骤的半成品成本资料。

（　　）8. 综合结转分步法能够提供各生产步骤的半成品成本资料，而平行结转分步法却不能。

（　　）9. 逐步结转分步法可进一步细分为综合结转分步法和平行结转分步法两种方法。

（　　）10. 某种产品由三个生产步骤形成，采用逐步结转分步法计算成本。本月第一生产步骤转入第二生产步骤的生产费用为 2 800.00 元，第二生产步骤转入第三生产步骤的生产费用为 4 100.00 元。本月第三生产步骤发生的加工费用为 2 500.00 元，第三生产步骤月初在产品费用 800.00 元，月末在产品费用为 600.00 元。则本月该种产品的完工产品成本应为 6 800.00 元。

（　　）11. 在逐步结转分步法下，各生产步骤“产品成本计算单”上的月末余额，就是各生产步骤该产品实际结存的在产品成本，即狭义在产品成本。

（　　）12. 平行结转分步法中的完工产品，是指完工的产成品。

（　　）13. 平行结转分步法中的在产品，是指广义在产品。

（　　）14. 采用分步法计算产品成本时，均应逐步结转半成品成本，最后计算出完工产品成本。

（　　）15. 在平行结转分步法下，各生产步骤“产品成本计算单”上的月末余额，就是各生产步骤该产品实际结存的在产品成本，即狭义在产品成本。

四、综合题

综合题一

【目的】归集和分配要素费用。

【资料】金星机械厂是一家生产机械配件的工业企业，主要为某锅炉厂生产锅炉底座。该企业有三个基本生产车间，即铸造、机加工和装配车间；有两个辅助生产车间，即修理和运输车间。锅炉底座要经过三个基本生产车间顺序加工才能完成，下一步骤的产品由上一个车间提供。辅助生产车间仅对本企业提供产品和劳务，辅助生产车间未开设“制造费用”科目。

该企业采用综合结转分步法计算产品生产成本。2020 年 8 月，各基本生产车间的产品产量见附表 4–1。在生产过程中，发生的材料费用见附表 4–2、职工薪酬费用见附表 4–3、折旧费用见附表 4–4。假设未发生其他费用。

【要求】

(1) 开设“产品成本计算单”（见附表 4–5~ 附表 4–7）。

(2) 根据“发料凭证汇总表”填制记账凭证（见附表 4–8 和附表 4–9）。注：假设此前已编至 72 号记账凭证。

(3) 根据“职工薪酬费用分配表”填制记账凭证（见附表 4–10 和附表 4–11）。

(4) 根据“固定资产折旧计算表”填制记账凭证（见附表 4–12）。

(5) 根据记账凭证编制“产品成本计算单”（见附表 4–5~ 附表 4–7）。

综合题二

【目的】归集和分配辅助生产费用和制造费用。

【资料】续综合题一。2020 年 8 月，金星机械厂发生的辅助生产费用和制造费用见综合题一的核算结果。辅助生产车间的劳务供应情况见附表 4–13。

【要求】

(1) 根据综合题一的记账凭证登记“辅助生产成本明细账”（见附表 4–14 和附表 4–15）。

(2) 根据“劳务供应情况表”，采用直接分配法分配辅助生产费用(分配率保留 2 位有效小数，下同)，编制“辅助生产费用分配表”（见附表 4–16），填制记账凭证（见附表 4–17），并据以编制“产品成本计算单”（见附表 4–5~ 附表 4–7）。

(3) 根据记账凭证登记“制造费用明细账”（见附表 4–18~ 附表 4–20），填制结转制造费用的记账凭证（见附表 4–21），并据以编制“产品成本计算单”（见附表 4–5~ 附表 4–7）。

综合题三

【目的】采用综合结转分步法计算产品成本。

【资料】续综合题二。2020 年 8 月，金星机械厂各生产步骤发生的生产费用见综合题二的核算结果。该企业未设置自制半成品库，采用综合结转分步法计算产品成本，车间之间结转成本按实际成本计价核算。采用约当产量法在完工产品和月末在产品之间分配生产费用，月末在产品完工率估计为 50%。

【要求】

(1) 计算铸造车间完工产品成本，编制“产品成本计算单”（见附表 4–5），填制记账凭证（见附表 4-22)。

(2) 计算机加工车间完工产品成本,编制“产品成本计算单”(见附表 4-6),填制记账凭证(见附表 4-23)。

(3) 计算装配车间完工产品成本,编制“产品成本计算单”(见附表 4-7),填制记账凭证(见附表 4-24)。

综 合 题 四

【目的】采用分项结转分步法计算产品成本。

【资料】沿用前述金星机械厂生产锅炉底座的生产费用及有关资料,假设采用分项逐步结转分步法计算产品成本。铸造车间生产费用按约当产量法在完工产品和月末在产品之间分配,机加工、装配车间月末按定额成本法计算在产品成本。机加工车间月末在产品单位定额为:直接材料费用定额 8 352.69 元,直接人工费用定额为 335.28 元,制造费用定额为 924.92 元;装配车间月末在产品单位定额为:直接材料费用定额 12 973.01 元,直接人工费用定额为 228.00 元,制造费用定额为 601.73 元。

【要求】

(1) 计算铸造车间完工产品成本,编制“产品成本计算单”(见附表 4-25)。

(2) 计算机加工车间完工产品成本,编制“产品成本计算单”(见附表 4-26)。

(3) 计算装配车间完工产品成本,编制“产品成本计算单”(见附表 4-27)。

综 合 题 五

【目的】采用平行结转分步法计算产品成本。

【资料】沿用前述金星机械厂生产锅炉底座的生产费用及有关资料(假设材料为开工时一次投入 766 000.00 元,机加工、装配车间无材料投入,其余条件不变)。采用平行结转分步法计算该企业锅炉底座的生产成本。

【要求】

(1) 根据前述资料编制“在产品约当产量计算表”(见附表 4-28)。

(2) 采用约当产量法在完工产品和月末在产品之间分配生产费用(分配率、分配金额均保留 2 位有效小数),编制“产品成本计算单”(见附表 4-29~ 附表 4-31)。

(3) 编制“产品成本汇总计算表”(见附表 4-32),并据以填制结转完工产品成本的记账凭证(见附表 4-33)。

任务 10　采用分类法计算产品成本

学习框架

本任务的学习框架如图 10 所示。

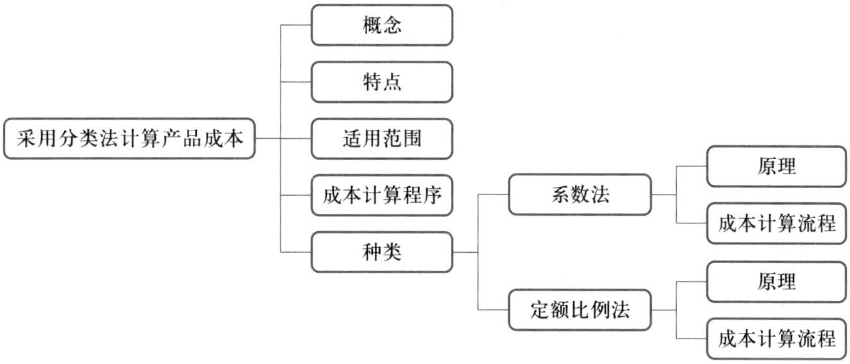

图 10　任务 10 的学习框架图

学习建议

分类法只是产品成本计算的一种辅助方法。它需要与品种法或者分批法、分步法结合起来使用。

系数法的计算公式，同样可以结合分配生产费用的一般公式进行理解。系数法应用要点包括：

(1) 按类别产品的直接材料、直接人工、制造费用等成本项目分别计算，即分别计算直接材料费用分配率、直接人工费用分配率和制造费用分配率。

(2) 受益对象是类内完工产品和类内在产品。

(3) 分配标准是标准产量。类内完工产品和类内在产品的标准产量是在确定产品系数的基础上计算得来的。

确定产品系数的方法是：在同类产品中选择一种产品作为标准产品，将其系数定为“1”，其他产品的材料消耗定额（或工时消耗定额）与标准产品的材料消耗定额（或工时消耗定额）相比，其比率即为其他产品的系数。

定额比例法的计算公式，仍然可以结合分配生产费用的一般公式进行理解，在此不再赘述。

关键概念

1. 分类法

分类法是指按照产品类别归集生产费用，在计算出各类产品成本的基础上，再按一定标准在类别内部各种产品之间分配生产费用的成本计算方法。

2. 系数法

在分类法下按系数将类别产品总成本在各种产品间进行分配的方法，称为系数法。

3. 定额比例法

在分类法下，将类别产品总成本按该类内各种产品的定额比例进行分配的方法，称为定额比例法。

同步训练

一、单项选择题

1. 采用分类法计算产品成本，其成本计算对象是（　　）。

A. 产品类别　　B. 产品品种

C. 产品规格　　D. 产品生产步骤

2. 使用同样的原材料，通过基本相同的加工工艺过程，所生产产品品种、规格、型号繁多，可以按一定标准予以分类的产品生产，其产品成本计算一般可以采用（　　）。

A. 分批法　　B. 分步法

C. 分类法　　D. 定额法

二、多项选择题

1. 分类法适用于（　　　）的产品。

A. 品种、规格繁多　　B. 大量大批生产

C. 可按一定标准分类　　D. 单件小批生产

2. 在分类法下，分配类别内部生产费用时，采用的方法有（　　　）。

A. 比率法　　B. 定额比例法

C. 系数法　　D. 比较法

三、判断题

（　　）1. 分类法是指以产品类别为成本计算对象归集生产费用，计算各类产品的总成本，然后再按一定标准分配计算类内各种产品成本的一种成本计算方法。

（　　）2. 系数法是一种简化的分类法，是指将分配标准折算成相对固定的系数，按照固定的系数在类内各种产品之间分配费用的一种方法。

（　　）3. 采用分类法计算产品成本时，应将产品按照一定的标准划分为不同的类别，按成本项目计算完工产品的总成本。

（　　）4. 采用分类法计算产品成本时，为简化分配工作，可以在产品类别内选择一种生产稳定、产量不大，且规格适中的产品作为标准产品，按照有关定额资料将其系数确定为1。

四、综合题

综 合 题 一

【目的】采用系数法计算产品成本。

【资料】闽江光电科技公司生产的 36 W 灯泡、24 W 灯泡和 18 W 灯泡均属于 LED 节能灯类，其原材料和生产工艺相近，按分类法计算产品成本，以 24 W 节能灯泡为标准产品。该公司 2020 年 8 月份产量情况见附表 5-1，月初在产品成本、本月该类产品的生产费用见附表 5-2，材料消耗定额及工时定额见附表 5-3。各种产品均是一次投料，月末在产品完工程度为 50%。

【要求】

(1) 确定 36 W、24 W 和 18 W 三种节能灯泡的用料系数和工时系数，编制“系数计算表”（见附表 5-4）。

(2) 计算完工产品和月末在产品的标准产品产量（即总系数），编制“标准产量计算表”（见附表 5-5）。

(3) 计算类别完工产品成本和月末在产品成本，编制“类别成本计算单”（见附表 5-6）。

(4) 计算 36 W、24 W 和 18 W 三种节能灯泡的完工产品成本，编制“类内产品成本计算单”（见附表 5-7）。

(5) 填制记账凭证（见附表 5-8）。注：假设此前已编至 97 号记账凭证。

综 合 题 二

【目的】采用定额比例法计算产品成本。

【资料】续综合题一。2020 年 8 月，闽江光电科技公司的产品产量情况、类别产品的生产费用情况、材料及工时定额等资料见综合题一。“类别成本计算单”见附表 5-9。假设采用定额比例法计算产品成本。

【要求】按定额比例计算类内各产品成本，编制“类内产品成本计算单”（见附表 5-10）。

任务 11　编制产品成本报表

学习框架

本任务的学习框架如图 11 所示。

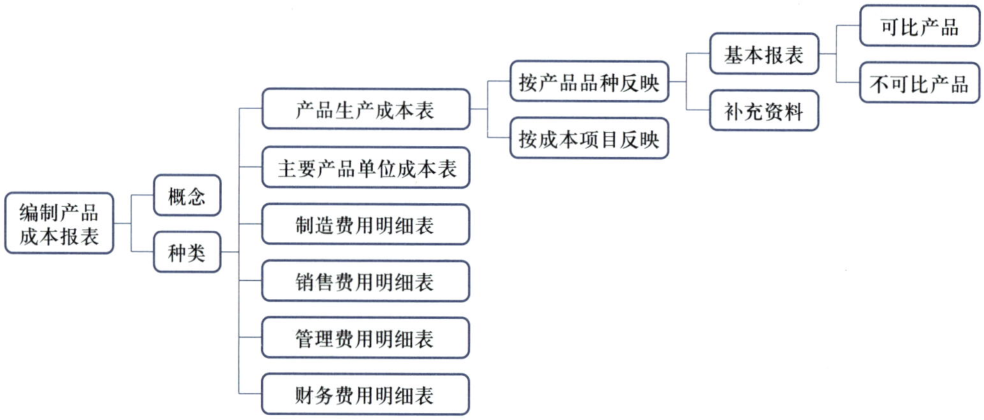

图 11　任务 11 的学习框架图

学习建议

成本报表数据，源于产品生产计划资料、产品成本计划资料、产品产量资料、基本生产成本明细账记录、制造费用明细账记录等。

成本报表各指标内涵，可以通过实际计算加以理解，尤其是表内项目指标。

1. 按产品品种反映的产品生产成本表

“按上年实际平均单位成本计算”的本月总成本 = “本月实际”产量(第 1 栏) × “上年实际平均”单位成本(第 3 栏)

“按本年计划单位成本计算”的本月总成本 = “本月实际”产量(第 1 栏) × “本年计划”单位成本(第 4 栏)

“按上年实际平均单位成本计算”的本年累计总成本 = “本年累计”产量(第 2 栏) × “上年实际平均”单位成本(第 3 栏)

$$\text{“按本年计划单位成本计算”的本年累计总成本}=\text{“本年累计”产量（第 2 栏）}\times\text{“本年计划”单位成本（第 4 栏）}$$

2. 主要产品单位成本表

$$\text{“本年实际平均”单位成本}=\text{“本年实际”累计总成本}\div\text{本年累计实际产量}$$

3. 制造费用明细表

由于制造费用明细表各指标是分项目列示的，因此，“本月实际数”和“本年累计实际数”无法从“制造费用”总账记录中直接取得，只能根据“制造费用明细账”记录加计而得。

关键概念

1. 成本报表

成本报表是指根据产品成本和期间费用的核算资料，以及其他有关资料编制的，用来反映企业一定时期产品成本和期间费用水平及其构成情况的报告文件。

2. 产品生产成本表

产品生产成本表是指反映企业在报告期内生产的全部产品的总成本和各种主要产品的单位成本的报表。

3. 可比产品

可比产品是指企业过去曾经正式生产过、有完整的成本资料可以进行比较的产品。

4. 不可比产品

不可比产品是指企业本年度初次生产的新产品，或虽非初次生产，但以前仅属试制而未正式投产的、缺乏可比成本资料的产品。

5. 主要产品单位成本表

主要产品单位成本表是指反映企业在报表期内生产的各种主要产品单位成本构成情况的报表。

6. 制造费用明细表

制造费用明细表是指反映企业在报告期内发生的全部制造费用及其构成情况的报表。

同步训练

一、单项选择题

1. 企业成本报表的种类、格式、项目以及编制方法，由（　　）。

A. 国家统一规定　　B. 企业自行确定

C. 企业主管部门规定　　D. 企业主管部门与企业共同制定

2. 按产品品种反映的产品生产成本表中，反映上年成本资料的产品是（　　）。

A. 库存商品　　B. 已售商品

C. 可比产品　　D. 不可比产品

3. 工业企业成本报表不包括（　　）。

A. 产品生产成本表　　B. 主要产品单位成本表

C. 制造费用明细表　　D. 利润表

4. 可比产品成本降低额 =(　　)- 可比产品本年累计实际总成本。

A. 全部产品按上年实际平均单位成本计算的本年累计总成本

B. 可比产品按上年实际平均单位成本计算的本年累计总成本

C. 全部产品按本年计划平均单位成本计算的本年累计总成本

D. 可比产品按本年计划平均单位成本计算的本年累计总成本

5. 可比产品成本本年与上年相比,如果不是降低而是超支,其超支额和超支率应用(　　)填列。

A. 负数　　B. 正数　　C. 红字　　D. 蓝字

二、多项选择题

1. 主要产品单位成本表反映的单位成本包括(　　)。

A. 本月实际　　B. 历史先进水平

C. 本年计划　　D. 本月计划

E. 上年实际平均

2. 产品生产成本表一般分为按(　　)反映的产品生产成本表。

A. 成本项目　　B. 要素费用

C. 产品品种　　D. 产品生产步骤

E. 产品批别

3. 制造费用明细表设有(　　)等专栏。

A. 本年计划　　B. 本年实际平均

C. 上年实际平均　　D. 本月实际

E. 本年累计实际

三、判断题

(　　)1. 成本报表是指根据成本核算资料以及其他有关资料编制的,反映企业一定时期产品成本和期间费用水平及其构成情况的报告文件。

(　　)2. 可比产品是指企业过去曾经正式生产过,有完整的成本资料、可以进行比较的产品。

(　　)3. 不可比产品是指企业本年度首次生产的新产品,或虽非首次生产,但以前仅属试制而未正式投产的、缺乏可比成本资料的产品。

(　　)4. 主要产品单位成本报表是指反映企业在一定会计期间内生产的各种主要产品单位成本构成情况的报表。

(　　)5. 成本报表属于对内报表,是为了满足企业内部经营管理的需要而编制的,不对外报送和公开。

(　　)6. 成本报表的种类、格式、项目、编制方法、编报日期、具体保送对象等均由财政部统一规定。

(　　)7. 按成本项目反映的产品生产成本表在结构上包括生产费用和产品成本两部分。

(　　)8. 工业企业成本报表包括产品生产成本表、主要产品单位成本表、制造费用明细表等。

(　　) 9. 所有的成本报表都是按成本项目分设专栏的。

(　　) 10. 主要产品单位成本表的“历史先进水平”栏目，应根据企业成本最高年度相关资料填列。

(　　) 11. 成本报表提供的成本费用资料不仅有利于企业进行成本、利润的预测和决策，还有利于企业成本计划和费用预算的编制。

(　　) 12. 可比产品成本降低额等于全部产品按上年实际平均单位成本计算的本年累计总成本减去可比产品本年累计实际总成本。

四、综合题

综合题一

【目的】编制产品生产成本表(按产品品种反映)。

【资料】宝岛公司 2020 年 8 月产品生产成本表相关资料见附表 6–1。

【要求】编制按产品品种反映的“产品生产成本表”(见附表 6–1)。

综合题二

【目的】编制主要产品单位成本表。

【资料】宝岛公司 2020 年 8 月份甲产品的“产品成本计算单”见附表 6–2，7 月份甲产品的“主要产品单位成本表”见附表 6–3。

【要求】编制 5 月份“主要产品单位成本表”(见附表 6–4)。计算结果保留一位有效小数。

综合题三

【目的】编制制造费用明细表。

【资料】宝岛公司 2020 年 7 月份“制造费用明细表”见附表 6–5，8 月份“制造费用明细账”见附表 6–6。

【要求】编制 5 月份“制造费用明细表”(见附表 6–7)。

任务 12　分析产品成本报表

学习框架

本任务的学习框架如图 12 所示。

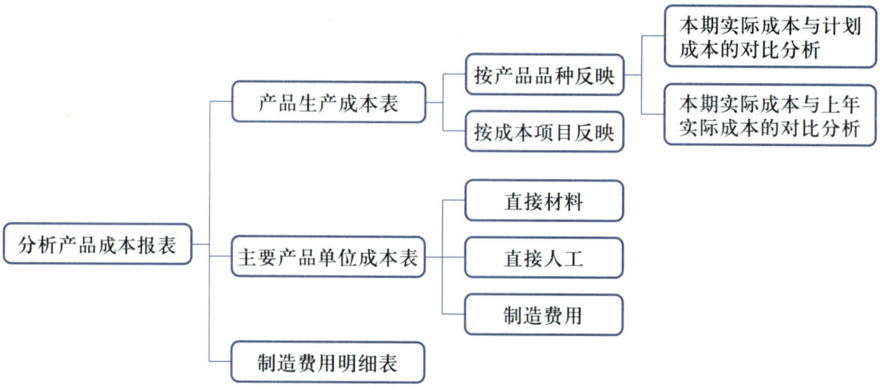

图 12　任务 12 的学习框架图

学习建议

成本报表分析方法有比较分析法、比率分析法等。

1. 比较分析法

比较分析法是指通过同质指标的数量对比以确定差异的一种分析方法。其主要作用在于揭示客观上存在的差距，并为进一步分析指出方向。比较分析法通常有以下几种形式：

(1) 将实际指标与计划或定额指标对比，分析成本计划或定额的完成情况。

(2) 将本期实际成本指标与前期（上期、上年同期等）的实际成本指标对比，观察企业成本指标的变动情况和变动趋势，了解企业生产经营工作的改进情况。

(3) 将本企业实际成本指标（或某项技术经济指标）与国内外同行业先进指标对比，可以在更大的范围内找差距，推动企业改进经营管理。

2. 比率分析法

比率分析法是指通过计算和对比经济指标的比率，进行数量分析的一种方法。通常有相关指标比率分析、构成比率分析、动态比率分析等。

(1) 相关指标比率分析。将两个性质不同但又相关的指标对比求出比率，然后再以实际数与计划（或前期实际）数进行对比分析。

(2) 构成比率分析。所谓构成比率，是指某项经济指标的各个组成部分占总体的比重。例如，先将构成产品成本的各个成本项目同产品成本总额相比较，计算其占成本的比重，确定成本的构成比率；然后，再将不同时期的成本构成比率相比较，通过观察产品成本构成的变动，分析经济活动情况及其对产品成本的影响。

关键概念

1. 比较分析法

比较分析法又称对比分析法，简称对比法，是指通过实际数与基数的对比来提示实际数与基数之间的差异，借以了解经济活动的成绩和问题的一种分析方法。

2. 成本降低额

成本降低额，即可比产品成本降低额，是指在两个不同时期，可比产品的成本降低的数额。

3. 成本降低率

成本降低率，即可比产品成本降低率，是指可比产品成本降低额与可比产品按上年实际平均单位成本计算的本年累计总成本的百分比，即同一产品的两个不同时期成本相比的降低额，与前期成本水平相比的比率。

同步训练

一、单项选择题

1. 计算可比产品的实际成本降低率时，应当用实际成本降低额除以(　　)。

A. 按实际产量和上年实际单位成本计算的总成本

B. 按计划产量和上年实际单位成本计算的总成本

C. 按实际产量和本年计划单位成本计算的总成本

D. 按实际产量和本年实际单位成本计算的总成本

2. 计算可比产品的实际成本降低额时，应当用实际产量乘以(　　)的差额。

A. 本年实际单位成本 - 本年计划单位成本

B. 本年计划单位成本 - 本年实际单位成本

C. 上年实际单位成本 - 本年实际单位成本

D. 上年实际成本 - 本年实际成本

二、多项选择题

1. 可比产品成本计划降低额等于可比产品的计划产量与(　　)两者差额的乘积。

A. 上年实际单位成本　　B. 上年计划单位成本

C. 本年实际单位成本　　D. 本年计划单位成本

E. 实际产量

2. 采用对比分析法对制造费用明细表进行分析时，可以将本期实际数与(　　)对比，以揭示制造费用成本升降情况，考核本期制造费用计划执行情况。

A. 可比产品制造费用计划数　　B. 不可比产品制造费用计划数

C. 本期计划数　　D. 上年同期数

E. 可比产品制造费用单位成本计划数

三、判断题

(　　)1. 对产品成本报表的分析是一种事后的分析。

(　　)2. 在其他条件不变的情况下，产品品种结构变动，会影响成本降低额和降低率。

四、综合题

综 合 题 一

【目的】分析产品生产成本表。

【资料】2020 年 8 月，宝岛公司按产品品种反映的“产品生产成本表”见附表 6–1。

【要求】根据资料，对宝岛公司全部产品的成本计划完成情况进行分析（见附表 6–8）。

综 合 题 二

【目的】分析主要产品单位成本表。

【资料】2020 年 8 月，宝岛公司“主要产品单位成本表”见附表 6–4。

【要求】根据资料，对宝岛公司甲产品的单位成本计划完成情况和成本降低情况进行分析（见附表 6–9）。

综 合 题 三

【目的】分析制造费用明细表。

【资料】2020 年 8 月，宝岛公司“制造费用明细表”见附表 6–7。

【要求】根据资料，对宝岛公司 8 月份制造费用进行分析（见附表 6–10）。

附 训 练 用 纸

（以下凭证和表格可裁剪、装订）

附表 1–1

限额领料单

材料科目：原材料　　　　　　　　　　　　　　　　材料类别：原料

领料车间：基本生产车间　　　2020 年 8 月　　　编　　号：200805

用　　途：生产打火机　　　　　　　　　　　　　发料仓库：材料仓库

材料编号	材料名称	计量单位	计划投产量	单位消耗定额	领用限额	实发											
						数量	单价	金额									
								千	百	十	万	千	百	十	元	角	分
	普通型外壳	只			150 000	150 000	0.20				3	0	0	0	0	0	0
	防风型外壳	只			150 000	150 000	0.80			1	2	0	0	0	0	0	0
	丁烷气	千克			1 000	1 000	3.00					3	0	0	0	0	0
	包装盒	套			6 000	6 000	0.50					3	0	0	0	0	0
合计实发金额										1	5	6	0	0	0	0	0

日期	领用			退料			限额结余数量
	数量	领料人	发料人	数量	退料人	收料人	
	（略）						（略）

第二联　会计联

生产计划部门：沈俊杰　　　　供销部门：　　　　仓库：李丽莉

附表 1-2

领　料　单

领料车间：供电车间

用　　途：发电　　　　2020 年 8 月 10 日　　　　第 00085 号

类别	编号	名称	规格	单位	数量		单价	金额
					请领	实发		
燃料		柴油		升	100	100	5.80	580.00
合计								580.00

第二联　会计联

领料核准：沈俊杰　　领料人：高雪松　　发料核准：刘荣涛　　发料：李丽莉

附表 1-3

发料凭证汇总表

年　　月　　　　金额单位：元

领用部门	用途	外壳	丁烷气	包装盒	燃料	合计
合计						

财务主管：　　记账：　　复核：　　制表：

附表 1-4

产品生产情况通知单

2020 年 8 月

产品名称	单位	月初在产品	本月投产	本月完工	月末在产品	备注
普通型打火机	盒	20	2 000	2 010	10	
防风型打火机	盒	10	4 000	3 990	20	

第二联　会计联

生产计划部门：沈俊杰　　生产部门：鲁礼杨　　制单：吴智明

附表 1-5

月初在产品成本资料

2020 年 8 月

产品名称	直接材料	直接人工	制造费用	合计
普通型打火机	509.00	167.00	64.00	740.00
防风型打火机	641.00	72.00	28.00	741.00
合计	1 150.00	239.00	92.00	1 481.00

附表 1-6

材料费用分配表

材料：　　　　　　　　年　　月　　　　　　　　金额单位：元

产品名称	投产数量	单位产品消耗定额(千克)	材料消耗定额(千克)	分配率	分配金额
合计					

会计主管　　　　　记账　　　　　复核　　　　　制表

附表 1-7

材料费用分配表

材料：　　　　　　　　年　　月　　　　　　　　金额单位：元

产品名称	投产数量	单位产品消耗定额(千克)	材料消耗定额(千克)	分配率	分配金额
合计					

会计主管　　　　　记账　　　　　复核　　　　　制表

附表 1-8

材料费用分配汇总表

年　　月　　　　　　　　　　　　　　　金额单位:元

应借科目	成本费用项目	直接计入	分配计入	合计
合计				

会计主管:　　　　　记账:　　　　　复核:　　　　　制表:

附表 1-9

记 账 凭 证

年　月　日　　　　　　　　　　　　　　记字第　号

摘要	总账科目	明细科目	√	借方金额										√	贷方金额									
				千	百	十	万	千	百	十	元	角	分		千	百	十	万	千	百	十	元	角	分
合计																								

附单据　张

会计主管　　　　记账　　　　出纳　　　　复核　　　　制证

附表 1–10

材料费用分配表

材料： 年 月 金额单位：元

产品名称	投产数量	单位产品消耗定额（千克）	材料计划单价	材料定额成本	分配率	分配金额
合计						

会计主管 记账 复核 制表

附表 1–11

用电（外购电力）汇总表

2020 年 8 月 金额单位：元

车间、部门名称	产品生产用电		照明用电		合计金额	备注
	数量	金额	数量	金额		
基本生产车间	7 200	7 200.00	380	380.00	7 580.00	
行政管理部门			600	600.00	600.00	
合计	7 200	7 200.00	980	980.00	8 180.00	

主管：鲁礼杨 复核： 制表：高雪松

附表 1–12

产品生产工时汇总表

2020 年 8 月

产品名称	生产工时（小时）	备注
普通型打火机	1 600	
防风型打火机	2 000	
合计	3 600	

主管：鲁礼杨 复核： 制表：高雪松

附表 1–13

外购动力费用分配表

年　　月　　　　　　　　　　金额单位:元

应借科目	成本费用项目	直接计入	分配计入			合计
			生产工时	分配率	分配金额	
合计						

会计主管:　　　　记账:　　　　复核:　　　　制表:

附表 1–14

记 账 凭 证

年　月　日　　　　　　　　　　记字第　号

摘要	总账科目	明细科目	√	借方金额										√	贷方金额									
				千	百	十	万	千	百	十	元	角	分		千	百	十	万	千	百	十	元	角	分
合计																								

附单据　张

会计主管　　　　记账　　　　出纳　　　　复核　　　　制证

附表 1-15

工资结算汇总表

2020 年 8 月

部门	人员类别	岗位工资	绩效工资	津贴、补贴	应付工资	代扣代缴社会保险费	实发工资
基本生产车间	生产工人	75 600.00	23 760.00	8 640.00	108 000.00	11 340.00	96 660.00
	管理人员	6 300.00	1 980.00	720.00	9 000.00	945.00	8 055.00
辅助生产车间	供电人员	11 200.00	3 660.00	1 300.00	16 160.00	1 696.80	14 463.20
厂部	管理人员	29 400.00	9 240.00	3 360.00	42 000.00	4 410.00	37 590.00
合计		122 500.00	38 640.00	14 020.00	175 160.00	18 391.80	156 768.20

会计主管：颜　谨　　记账：　　复核：任　珍　　制表：耿　直

注：住房公积金、个人所得税等代扣代缴款项在此暂不考虑。

附表 1-16

工资费用分配表

年　　月　　　　金额单位：元

应借科目	成本费用项目	直接计入	分配计入			合计
			生产工时	分配率	分配金额	
合计						

会计主管：　　记账：　　复核：　　制表：

附表 1-17

记 账 凭 证

年　月　日　　　　　　　　记字第　号

摘要	总账科目	明细科目	√	借方金额										√	贷方金额									
				千	百	十	万	千	百	十	元	角	分		千	百	十	万	千	百	十	元	角	分
合计																								

附单据　张

会计主管　　　　记账　　　　出纳　　　　复核　　　　制证

附表 1-18

其他职工薪酬费用计提表

2020 年 8 月 31 日

应借科目			上一年度部门月平均工资	社会保险费(25.8%)	应付工资	职工福利费(14%)	职工教育经费(8%)	合计
生产成本	基本生产成本	普通型打火机	48 400.00					
		防风型打火机	5 8000.00					
小计			106 400.00					
生产成本	辅助生产成本	供电车间	15 800.00					
制造费用	基本生产车间		8 800.00					
管理费用			40 800.00					
合计			156 000.00					

会计主管：　　　　记账：　　　　复核：　　　　制表：

注：企业缴存的社会保险费应按职工个人上一年度月平均工资的 25.8% 计提，在此仅做训练。

附表 1–19

记 账 凭 证

年　月　日　　　　　　　　　　记字第　号

摘要	总账科目	明细科目	√	借方金额										√	贷方金额									
				千	百	十	万	千	百	十	元	角	分		千	百	十	万	千	百	十	元	角	分
合计																								

附单据　张

会计主管　　　记账　　　出纳　　　复核　　　制证

附表 1–20

固定资产折旧计算表

2020 年 8 月　　　　　　　　金额单位:元

车间、部门	上月折旧额	本月增加折旧额	本月减少折旧额	本月应计折旧额
基本生产车间	1 661.00	395.00		
供电车间	930.00			
行政管理部门	1 100.00	410.00	520.00	
合计	3 691.00	805.00	520.00	

会计主管:　　　记账:　　　复核:　　　制表:

附表 1-21

记 账 凭 证

年　月　日　　　　　　　　　　　　记字第　号

摘要	总账科目	明细科目	√	借方金额										√	贷方金额									
				千	百	十	万	千	百	十	元	角	分		千	百	十	万	千	百	十	元	角	分
合计																								

附单据　张

会计主管　　　　记账　　　　出纳　　　　复核　　　　制证

附表 1-22

其他费用汇总表(转账支付)

附单据 12 张

2020 年 8 月　　　　金额单位:元

车间、部门	办公费	租赁费	修理费	劳动保护费	合计
基本生产车间	125.00	3 000.00		236.00	3 361.00
供电车间		375.00	260.00		635.00
行政管理部门	180.00	1 200.00			1 380.00
合计	305.00	4 575.00	260.00	236.00	5 376.00

会计主管:　　　　记账:　　　　复核:　　　　制表:

附表 1-23

记 账 凭 证

年　月　日　　　　　　　　　　　记字第　号

摘要	总账科目	明细科目	√	借方金额										√	贷方金额									
				千	百	十	万	千	百	十	元	角	分		千	百	十	万	千	百	十	元	角	分
合计																								

附单据　张

会计主管　　　　记账　　　　出纳　　　　复核　　　　制证

附表 1-24

辅助生产

车间名称:________

年		凭证		摘要	借方发生额										借方																																								
															工资及福利费										办公费										折旧费										修理费									
月	日	种类	号数		千	百	十	万	千	百	十	元	角	分	千	百	十	万	千	百	十	元	角	分	千	百	十	万	千	百	十	元	角	分	千	百	十	万	千	百	十	元	角	分	千	百	十	万	千	百	十	元	角	分

成本明细账

栏目

租赁费										机物料消耗										低值易耗品摊销										水电费										劳动保护费										其他费用									
千	百	十	万	千	百	十	元	角	分	千	百	十	万	千	百	十	元	角	分	千	百	十	万	千	百	十	元	角	分	千	百	十	万	千	百	十	元	角	分	千	百	十	万	千	百	十	元	角	分	千	百	十	万	千	百	十	元	角	分

附表 1–25

供电车间提供产品汇总表

2020 年 8 月

受益对象	供电（千瓦时）
基本生产车间	1 750
行政管理部门	200
合计	1 950

主管：鲁礼杨　　　　复核：吴智明　　　　制表：高雪松

附表 1–26

辅助生产费用分配表（直接分配法）

年　　月　　　　　　　　　　金额单位：元

项目				辅助生产部门名称		
				供电车间		
待分配费用						
供应辅助生产部门以外单位的劳务量						
费用分配率（单位成本）						
应借科目	制造费用	基本生产车间	耗用劳务量			
			应分配金额			
	管理费用		耗用劳务量			
			应分配金额			
分配金额合计						

会计主管：　　　　记账：　　　　复核：　　　　制表：

附表 1–27

记 账 凭 证

年　月　日　　　　　　　　　　记字第　　号

摘要	总账科目	明细科目	√	借方金额										√	贷方金额									
				千	百	十	万	千	百	十	元	角	分		千	百	十	万	千	百	十	元	角	分
合计																								

附单据　　张

会计主管　　　　记账　　　　出纳　　　　复核　　　　制证

附表 1–28

辅助生产车间产品或劳务供应汇总表

2020 年 8 月

受益对象	机修(小时)	供电(千瓦时)	备注
机修车间		1 000	
供电车间	500		
甲产品		21 000	
乙产品		18 000	
第一车间	9 000	1 000	
第二车间	8 000	1 200	
行政管理部门	3 000	8 800	
合计	20 500	51 000	

部门主管：　　　　　　复核：　　　　　　制表：

附表 1–29

辅助生产费用分配表(交互分配法)

年　　月　　　　　　　　　　金额单位：元

项目				交互分配			对外分配		
				机修	供电	合计	机修	供电	合计
待分配费用									
劳务供应数量总额									
费用分配率									
应借科目	辅助生产成本	供电车间	数量						
			金额						
		机修车间	数量						
			金额						
		金额小计							
	基本生产成本	甲产品	数量						
			金额						
		乙产品	数量						
			金额						
	制造费用	第一车间	数量						
			金额						
		第二车间	数量						
			金额						
	管理费用		数量						
			金额						
分配金额合计									

会计主管：　　　　　　记账：　　　　　　复核：　　　　　　制表：

附表 1-30

记 账 凭 证

年 月 日　　　　记字第 号

摘要	总账科目	明细科目	√	借方金额										√	贷方金额									
				千	百	十	万	千	百	十	元	角	分		千	百	十	万	千	百	十	元	角	分
合计																								

附单据 张

会计主管　　记账　　出纳　　复核　　制证

附表 1-31

记 账 凭 证

年 月 日　　　　记字第 号

摘要	总账科目	明细科目	√	借方金额										√	贷方金额									
				千	百	十	万	千	百	十	元	角	分		千	百	十	万	千	百	十	元	角	分
合计																								

附单据 张

会计主管　　记账　　出纳　　复核　　制证

附表 1-32

制造费用

车间名称：________

年		凭证		摘要	借方发生额										借方																																						
															工资及福利费										办公费										折旧费										修理费									
月	日	种类	号数		千	百	十	万	千	百	十	元	角	分	千	百	十	万	千	百	十	元	角	分	千	百	十	万	千	百	十	元	角	分	千	百	十	万	千	百	十	元	角	分	千	百	十	万	千	百	十	元	角	分

明细账

栏目

租赁费										机物料消耗										低值易耗品摊销										水电费										劳动保护费										其他费用									
千	百	十	万	千	百	十	元	角	分	千	百	十	万	千	百	十	元	角	分	千	百	十	万	千	百	十	元	角	分	千	百	十	万	千	百	十	元	角	分	千	百	十	万	千	百	十	元	角	分	千	百	十	万	千	百	十	元	角	分

附表 1-33

制造费用分配表

车间:　　　　　　　　　　　　年　　月　　　　　　　　　　　金额单位:元

产品名称	生产工时	分配率	分配金额
合计			

会计主管:　　　　　　记账:　　　　　　复核:　　　　　　制表:

附表 1-34

记 账 凭 证

年　月　日　　　　　　　　　　记字第　　号

摘要	总账科目	明细科目	√	借方金额										√	贷方金额									
				千	百	十	万	千	百	十	元	角	分		千	百	十	万	千	百	十	元	角	分
合计																								

附单据　　张

会计主管　　　　记账　　　　出纳　　　　复核　　　　制证

附表 1-35

产品成本计算单

完工产品：

产品：　　　　年　　月　　　　在产品：

项目		直接材料	直接人工	制造费用	合计
月初在产品成本					
本月生产费用					
生产费用合计					
完工产品成本	总成本				
	单位成本				
月末在产品成本					

会计主管：　　记账：　　复核：　　制表：

附表 1-36

产品成本计算单

完工产品：

产品：　　　　年　　月　　　　在产品：

项目		直接材料	直接人工	制造费用	合计
月初在产品成本					
本月生产费用					
生产费用合计					
完工产品成本	总成本				
	单位成本				
月末在产品成本					

会计主管：　　记账：　　复核：　　制表：

附表 1–37

生产成本明细账

订货单位：__________ 生产车间：__________

总页______ 分页______

投产日期：____年____月____日 完工日期：____年____月____日 数量：________ 规格：________

生产批号：________ 明细科目：________

完成产量：________ 计划工时：________ 实际工时：________

产品 / 部门名称：________________

年		凭证号数	摘要	借方发生额										明细项目																																												
														直接材料									直接人工									制造费用																										
月	日			千	百	十	万	千	百	十	元	角	分	百	十	万	千	百	十	元	角	分	百	十	万	千	百	十	元	角	分	百	十	万	千	百	十	元	角	分	百	十	万	千	百	十	元	角	分	百	十	万	千	百	十	元	角	分

附表 1-38

生产成本明细账

订货单位：______ 生产车间：______ 总页______ 分页______

投产日期：____年____月____日 完工日期：____年____月____日 数量：______ 规格：______ 生产批号：______ 明细科目：______

完成产量：______ 计划工时：______ 实际工时：______ 产品 / 部门名称：______

年		凭证号数	摘要	借方发生额										明细项目																																												
														直接材料									直接人工									制造费用																										
月	日			千	百	十	万	千	百	十	元	角	分	百	十	万	千	百	十	元	角	分	百	十	万	千	百	十	元	角	分	百	十	万	千	百	十	元	角	分	百	十	万	千	百	十	元	角	分	百	十	万	千	百	十	元	角	分

附表 1–39

记 账 凭 证

年　月　日　　　　　　　　记字第　号

摘要	总账科目	明细科目	√	借方金额										√	贷方金额									
				千	百	十	万	千	百	十	元	角	分		千	百	十	万	千	百	十	元	角	分
合计																								

附单据　张

会计主管　　记账　　出纳　　复核　　制证

附表 1–40

产品成本计算单（约当产量法）

本月完工：16 300 盒

产品名称：　　　　年　月　　　　月末在产品：3 080 盒

项目		成本项目			金额合计
		直接材料	直接人工	制造费用	
月初在产品成本		15 650.00	9 390.00	12 520.00	37 560.00
本月发生生产费用		81 250.00	44 130.00	58 840.00	184 220.00
本月生产费用合计					
本月完工产品数量					
月末在产品数量					
在产品约当产量					
约当总产量					
费用分配率					
完工产品	总 成 本				
	单位成本				
月末在产品成本					

会计主管：　　记账：　　复核：　　制表：

附表 1-41

记 账 凭 证

年 月 日　　　　记字第 号

摘要	总账科目	明细科目	√	借方金额										√	贷方金额								
				千	百	十	万	千	百	十	元	角	分		千	百	十	万	千	百	十	元	角	分
合计																								

附单据 张

会计主管　　记账　　出纳　　复核　　制证

附表 1-42

产品定额工时和月末在产品资料

2020 年 8 月 31 日

工序	定额工时（小时）	月末在产品（盒）
第一道工序	20	20
第二道工序	30	30

附表 1-43

生产费用资料

2020 年 8 月 31 日

项目	直接材料	直接人工	制造费用	合计
月初在产品成本	200.00	100.00	200.00	500.00
本月发生费用	1 300.00	500.00	1 000.00	2 800.00

附表 1-44

在产品完工率及约当产量计算表

产品：　　　　　　　　　　　　　　　　　　　年　　月

工序	月末在产品数量	单位产品工时定额	在产品完工程度	月末在产品约当产量
第一道工序				
第二道工序				
合计				

单位负责人：　　　　　　会计主管：　　　　　　复核：　　　　　　制表：

附表 1-45

产品成本计算单

完工产品：

产品：　　　　　　　　　　　　　　　　　　　年　　月　　　　　　　　　在 产 品：

项目		直接材料	直接人工	制造费用	合计
月初在产品成本					
本月生产费用					
生产费用合计					
完工产品成本	总 成 本				
	单位成本				
在产品成本					

单位负责人：　　　　　　会计主管：　　　　　　复核：　　　　　　制表：

附表 1-46

记 账 凭 证

年　月　日　　　　　　　　　　记字第　号

摘要	总账科目	明细科目	√	借方金额										√	贷方金额									
				千	百	十	万	千	百	十	元	角	分		千	百	十	万	千	百	十	元	角	分
合计																								

附单据　张

会计主管　　记账　　出纳　　复核　　制证

附表 1-47

产品成本计算单

完工产品：100 件

产品：　　　　年　月　　　　在 产 品：20 件

项目		直接材料	直接人工	制造费用	合计
月初在产品成本					
本月生产费用					
生产费用合计					
完工产品成本	总 成 本				
	单位成本				
在产品成本					

单位负责人：　　会计主管：　　复核：　　制表：

附表 1-48

生产成本明细账

订货单位:__________ 生产车间:__________

总页______ 分页______

投产日期:____年____月____日 完工日期:____年____月____日 数量:______ 规格:______ 生产批号:______ 明细科目:基本生产成本

完成产量:______ 计划工时:______ 实际工时:______ 产品/部门名称:乙产品

2020年 月	2020年 日	凭证号数	摘要	借方发生额	明细项目 原材料	明细项目 燃料和动力	明细项目 工资及福利费	明细项目 制造费用
8	31	记 253	结转完工产品成本	8000.00	6500.00		800.00	700.00
	31		在产品成本	800.00	800.00			
9	30		本月合计	5000.00	4000.00		600.00	400.00

附表 1–49

记 账 凭 证

年 月 日　　　　记字第 号

摘要	总账科目	明细科目	√	借方金额										√	贷方金额									
				千	百	十	万	千	百	十	元	角	分		千	百	十	万	千	百	十	元	角	分
合计																								

附单据 张

会计主管　　记账　　出纳　　复核　　制证

附表 1–50

产品成本计算单

车间名称：第五车间　　　　本月完工：5 300 件

产品名称：H 产品　　2020 年 10 月　　月末在产品：700 件

项目		直接材料	直接人工	制造费用	合计
月初在产品成本		6 750.00	6 000.00	4 500.00	17 250.00
本月生产费用		47 250.00	42 000.00	31 500.00	120 750.00
生产费用合计					
月末在产品成本					
完工产品成本	总 成 本				
	单位成本				

会计主管：　　记账：　　复核：　　制表：

附表 1–51

记 账 凭 证

年　月　日　　　　记字第　号

摘要	总账科目	明细科目	√	借方金额										√	贷方金额									
				千	百	十	万	千	百	十	元	角	分		千	百	十	万	千	百	十	元	角	分
合计																								

附单据　张

会计主管　　记账　　出纳　　复核　　制证

附表 1–52

产品成本计算单

完工产品:1 500 件

产品:　　　　年　月　　　　在 产 品:200 件

项目		直接材料	直接人工	制造费用	合计
月初在产品成本		6 900.00	1 380.00	4 600.00	12 880.00
本月生产费用		44 100.00	16 020.00	59 700.00	119 820.00
生产费用合计					
完工产品成本	总 成 本				
	单位成本				
月末在产品成本					

单位负责人:　　会计主管:　　复核:　　制表:

附表 1–53

产品定额资料

2020 年 9 月 30 日

项目	直接材料	直接人工	制造费用	合计
在产品单位定额成本	30.00	6.00	20.00	56.00
完工产品单位定额成本	30.00	11.00	40.00	81.00

附表 1–54

记 账 凭 证

年 月 日 记字第 号

摘要	总账科目	明细科目	√	借方金额										√	贷方金额									
				千	百	十	万	千	百	十	元	角	分		千	百	十	万	千	百	十	元	角	分
合计																								

附单据 张

会计主管 记账 出纳 复核 制证

附表 1–55

产品成本计算单

完工产品：

产品：　　　　　　　　　　　　年　　月　　　　　　　　　　　　在 产 品：

项目		直接材料	直接人工	制造费用	合计
月初在产品成本					
本月生产费用					
生产费用合计					
完工产品成本	总 成 本				
	单位成本				
月末在产品成本					

单位负责人：　　　　　　会计主管：　　　　　　复核：　　　　　　制表：

附表 1–56

记 账 凭 证

年　月　日　　　　　　　　　　记字第　号

摘要	总账科目	明细科目	√	借方金额										√	贷方金额									
				千	百	十	万	千	百	十	元	角	分		千	百	十	万	千	百	十	元	角	分
合计																								

附单据　张

会计主管　　　　　记账　　　　　出纳　　　　　复核　　　　　制证

附表 2–1

发料凭证汇总表

附单据 7 张

2020 年 8 月 31 日　　　　金额单位:元

领用部门	用途	原料、辅助材料	燃料	修理用备件	合计
一车间	生产果汁果冻和乳酸果冻共同耗用	52 800.00			52 800.00
	生产果汁果冻	7 500.00			7 500.00
	生产乳酸果冻	2 500.00			2 500.00
	机物料消耗			200.00	200.00
二车间	生产果肉果冻	47 400.00			47 400.00
供电车间	发电		1 000.00		1 000.00
机修车间	修理			400.00	400.00
合计		110 200.00	1 000.00	600.00	111 800.00

附表 2–2

产品产量情况表

2020 年 8 月 31 日　　　　单位:千克

产品名称	月初在产品	本月投产	本月完工产品	月末在产品
果汁果冻	450	3 000	3 250	200
乳酸果冻	400	2 000	2 200	200
果肉果冻	300	4 000	4 100	200

附表 2-3

月初在产品成本

2020 年 8 月 31 日　　　　单位：元

产品名称	直接材料	直接人工	制造费用	合计
果汁果冻	600.00	600.00	265.00	1 465.00
乳酸果冻	860.00	350.00	580.00	1 790.00
果肉果冻	760.00	540.00	728.00	2 028.00

附表 2-4

产品成本计算单

产品名称：　　　　年　　月　　　　单位：元

月	日	摘要	产量	直接材料	直接人工	制造费用	合计

附表 2-5

产品成本计算单

产品名称：　　　　　　　　　　　　　年　　月　　　　　　　　　　　　　单位:元

月	日	摘要	产量	直接材料	直接人工	制造费用	合计

附表 2-6

产品成本计算单

产品名称：　　　　　　　　　　　　　年　　月　　　　　　　　　　　　　单位:元

月	日	摘要	产量	直接材料	直接人工	制造费用	合计

附表 2-7

辅助生产

车间名称:________

年		凭证		摘要	借方发生额										借方																																							
															工资及福利费										办公费										折旧费										修理费									
月	日	种类	号数		千	百	十	万	千	百	十	元	角	分	千	百	十	万	千	百	十	元	角	分	千	百	十	万	千	百	十	元	角	分	千	百	十	万	千	百	十	元	角	分	千	百	十	万	千	百	十	元	角	分

附表 2-8

辅助生产

车间名称:________

年		凭证		摘要	借方发生额										借方																																							
															工资及福利费										办公费										折旧费										修理费									
月	日	种类	号数		千	百	十	万	千	百	十	元	角	分	千	百	十	万	千	百	十	元	角	分	千	百	十	万	千	百	十	元	角	分	千	百	十	万	千	百	十	元	角	分	千	百	十	万	千	百	十	元	角	分

成本明细账

栏目

租赁费										机物料消耗										低值易耗品摊销										水电费										劳动保护费										其他费用									
千	百	十	万	千	百	十	元	角	分	千	百	十	万	千	百	十	元	角	分	千	百	十	万	千	百	十	元	角	分	千	百	十	万	千	百	十	元	角	分	千	百	十	万	千	百	十	元	角	分	千	百	十	万	千	百	十	元	角	分

成本明细账

栏目

租赁费										机物料消耗										低值易耗品摊销										水电费										劳动保护费										其他费用									
千	百	十	万	千	百	十	元	角	分	千	百	十	万	千	百	十	元	角	分	千	百	十	万	千	百	十	元	角	分	千	百	十	万	千	百	十	元	角	分	千	百	十	万	千	百	十	元	角	分	千	百	十	万	千	百	十	元	角	分

附表 2-9

制造费用

车间名称:________

年		凭证		摘要	借方发生额										借方																																							
															工资及福利费										办公费										折旧费										修理费									
月	日	种类	号数		千	百	十	万	千	百	十	元	角	分	千	百	十	万	千	百	十	元	角	分	千	百	十	万	千	百	十	元	角	分	千	百	十	万	千	百	十	元	角	分	千	百	十	万	千	百	十	元	角	分

附表 2-10

制造费用

车间名称:________

年		凭证		摘要	借方发生额										借方																																							
															工资及福利费										办公费										折旧费										修理费									
月	日	种类	号数		千	百	十	万	千	百	十	元	角	分	千	百	十	万	千	百	十	元	角	分	千	百	十	万	千	百	十	元	角	分	千	百	十	万	千	百	十	元	角	分	千	百	十	万	千	百	十	元	角	分

明细账

栏目

租赁费										机物料消耗										低值易耗品摊销										水电费										劳动保护费										其他费用									
千	百	十	万	千	百	十	元	角	分	千	百	十	万	千	百	十	元	角	分	千	百	十	万	千	百	十	元	角	分	千	百	十	万	千	百	十	元	角	分	千	百	十	万	千	百	十	元	角	分	千	百	十	万	千	百	十	元	角	分

明细账

栏目

租赁费										机物料消耗										低值易耗品摊销										水电费										劳动保护费										其他费用									
千	百	十	万	千	百	十	元	角	分	千	百	十	万	千	百	十	元	角	分	千	百	十	万	千	百	十	元	角	分	千	百	十	万	千	百	十	元	角	分	千	百	十	万	千	百	十	元	角	分	千	百	十	万	千	百	十	元	角	分

附表 2-11

材料费用分配表

年　　月　　　　　　　　　　　　　　金额单位：元

应借科目	成本费用项目	直接计入	分配计入			合计
			材料消耗定额	分配率	分配金额	

会计主管：　　　　记账：　　　　复核：　　　　制表：

附表 2-12

记 账 凭 证

年　月　日　　　　　　　　　　　　记字第　　号

摘要	总账科目	明细科目	√	借方金额										√	贷方金额									
				千	百	十	万	千	百	十	元	角	分		千	百	十	万	千	百	十	元	角	分
合计																								

附单据　张

会计主管　　　　记账　　　　出纳　　　　复核　　　　制证

附表 2–13

职工薪酬汇总表

2020 年 8 月 31 日　　　　单位：元

部门	各类人员	基本工资	职工福利费（按基本工资 14% 计提）	合计
一车间	生产工人	60 000.00		
	管理人员	12 000.00		
二车间	生产工人	45 000.00		
	管理人员	9 000.00		
机修车间	修理工人	7 500.00		
供电车间	工人	6 000.00		
行政管理部门	管理人员	30 000.00		
合计		169 500.00		

会计主管：李　平　　　　审核：　　　　制表：张小丽

附表 2–14

工时汇总表

2020 年 8 月 31 日

部门		生产工时	合计
一车间	果汁果冻	1 280	1 280
	乳酸果冻	1 000	1 000
二车间	果肉果冻	1 710	1 710
合计		3 990	3 990

主管：　　　　审核：　　　　记录员：吴　平

附表 2-15

固定资产折旧计算表

2020年8月31日　　　　　　　　　　　　单位：元

使用单位	原值	年折旧率（%）	上月计提折旧额	上月增加固定资产的原值	上月减少固定资产的原值	本月应计提折旧额
一车间	500 000.00	6	2 500.00			2 500.00
二车间	400 000.00	6	2 000.00			2 000.00
机修车间	200 000.00	6	1 000.00			1 000.00
供电车间	100 000.00	6	500.00			500.00
管理部门	400 000.00	6	2 000.00			2 000.00
合计	1 600 000.00		8 000.00			8 000.00

会计主管：李　平　　　　审核：　　　　制表：张小丽

附表 2-16

外购动力费用汇总表

供电单位：国家电网公司　　　　2020年8月31日　　　　单位：元

部门	耗电量	单价	金额
一车间	2 000	1.00	2 000.00
二车间	1 000	1.00	1 000.00
机修车间	500	1.00	500.00
管理部门	1 000	1.00	1 000.00
合计	4 500		4 500.00

会计主管：李　平　　　　审核：　　　　制表：张小丽

附表 2–17

待摊费用分摊表

2020 年 8 月 31 日　　　　单位:元

部门	应摊报刊费	应摊保险费	低值易耗品摊销	合计
一车间	400.00	2 000.00	600.00	3 000.00
二车间	200.00	1 000.00	300.00	1 500.00
供电车间	200.00	500.00	300.00	1 000.00
机修车间	100.00	800.00	400.00	1 300.00
管理部门	500.00	2 000.00	500.00	3 000.00
合计	1 400.00	6 300.00	2 100.00	9 800.00

会计主管: 李　平　　审核:　　制表: 张小丽

注:报刊费、保险费支付时已记入“预付账款”科目。低值易耗品摊销采用一次摊销法。

附表 2–18

办公费和水费汇总表

2020 年 8 月 31 日　　　　单位:元

部门	办公费	水费	合计
一车间	2 250.00	2 000.00	4 250.00
二车间	2 000.00	1 000.00	3 000.00
供电车间	500.00	300.00	800.00
机修车间	500.00	700.00	1 200.00
管理部门	3 000.00	1 000.00	4 000.00
合计	8 250.00	5 000.00	13 250.00

会计主管: 李　平　　审核:　　制表: 张小丽

附表 2–19

职工薪酬费用分配表

年　　月

应借科目		成本项目	生产工人工资		管理人员工资	合计
总账科目	明细科目		生产工时	分配额		
基本生产成本	果汁果冻	直接人工				
	乳酸果冻	直接人工				
	果肉果冻	直接人工				
小计						
辅助生产成本	供电车间	直接人工				
	机修车间	直接人工				
小计						
制造费用	一车间	直接人工				
	二车间	直接人工				
管理费用		直接人工				
合计						

附表 2–20

记 账 凭 证

年　月　日　　　　　　　　记字第　号

摘要	总账科目	明细科目	√	借方金额										√	贷方金额									
				千	百	十	万	千	百	十	元	角	分		千	百	十	万	千	百	十	元	角	分
合计																								

附单据　张

会计主管　　　　记账　　　　出纳　　　　复核　　　　制证

附表 2-21

记 账 凭 证

年 月 日 　　　　记字第 号

摘要	总账科目	明细科目	√	借方金额										√	贷方金额									
				千	百	十	万	千	百	十	元	角	分		千	百	十	万	千	百	十	元	角	分
合计																								

附单据 张

会计主管 　　记账 　　出纳 　　复核 　　制证

附表 2-22

固定资产折旧费用分配表

年 月 　　　　单位:元

车间、部门	会计科目	明细科目	分配金额
基本生产车间	制造费用	一车间	
		二车间	
供电车间	辅助生产成本	供电车间	
机修车间		机修车间	
厂部管理部门	管理费用		
合计			

附表 2-23

记 账 凭 证

年　月　日　　　　　　　　　　记字第　号

摘要	总账科目	明细科目	√	借方金额										√	贷方金额									
				千	百	十	万	千	百	十	元	角	分		千	百	十	万	千	百	十	元	角	分
合计																								

附单据　张

会计主管　　　　记账　　　　出纳　　　　复核　　　　制证

附表 2-24

外购动力费用分配表

年　月　　　　　　　　　　单位:元

车间、部门	会计科目	明细科目	分配金额
基本生产车间	制造费用	一车间	
		二车间	
机修车间	辅助生产成本	机修车间	
厂部管理部门	管理费用		
合计			

附表 2-25

记 账 凭 证

年　月　日　　　　　　　　　　　　　　记字第　号

摘要	总账科目	明细科目	√	借方金额										√	贷方金额									
				千	百	十	万	千	百	十	元	角	分		千	百	十	万	千	百	十	元	角	分
合计																								

附单据　张

会计主管　　　　记账　　　　出纳　　　　复核　　　　制证

附表 2-26

待摊费用分配表

年　月　　　　　　　　　　　　　　单位:元

车间、部门	会计科目	明细科目	分配金额
基本生产车间	制造费用	一车间	
		二车间	
供电车间	辅助生产成本	供电车间	
机修车间		机修车间	
厂部管理部门	管理费用		
合计			

附表 2-27

记 账 凭 证

年　月　日　　　　　　　　　　记字第　号

摘要	总账科目	明细科目	√	借方金额										√	贷方金额									
				千	百	十	万	千	百	十	元	角	分		千	百	十	万	千	百	十	元	角	分
合计																								

附单据　张

会计主管　　记账　　出纳　　复核　　制证

附表 2-28

办公费和水费分配表

年　月　　　　　　　　　　单位:元

车间、部门	会计科目	明细科目	分配金额
基本生产车间	制造费用	一车间	
		二车间	
供电车间	辅助生产成本	供电车间	
机修车间		机修车间	
厂部管理部门	管理费用		
合计			

附表 2–29

记 账 凭 证

年　月　日　　　　　　　　　　　　记字第　号

摘要	总账科目	明细科目	√	借方金额										√	贷方金额									
				千	百	十	万	千	百	十	元	角	分		千	百	十	万	千	百	十	元	角	分
合计																								

附单据　张

会计主管　　　记账　　　出纳　　　复核　　　制证

附表 2–30

辅助生产产品和劳务供应量

2020 年 8 月

受益单位	供电车间 / 千瓦时 （提供的用电数）	机修车间 / 小时 （提供的劳务量）
一车间	5 000	700
二车间	4 000	500
供电车间		100
机修车间	1 000	
管理部门	1 000	250
合计	11 000	1 550

附表 2-31

辅助生产费用分配表

（直接分配法）

年　　月　　　　　　　　　　　　　　　　单位：元

<table>
<tr><td colspan="3">辅助生产车间名称</td><td colspan="2">供电车间</td><td colspan="2">机修车间</td><td rowspan="2">合计</td></tr>
<tr><td colspan="3" rowspan="2">待分配辅助生产费用及劳务数量</td><td>供电数（千瓦时）</td><td>供电费用（小时）</td><td>修理工时</td><td>修理费用</td></tr>
<tr><td></td><td></td><td></td><td></td><td></td></tr>
<tr><td colspan="3">费用分配率（单位成本）</td><td></td><td></td><td></td><td></td><td></td></tr>
<tr><td rowspan="3">应借科目</td><td rowspan="2"></td><td></td><td></td><td></td><td></td><td></td><td></td></tr>
<tr><td></td><td></td><td></td><td></td><td></td><td></td></tr>
<tr><td colspan="2"></td><td></td><td></td><td></td><td></td><td></td></tr>
<tr><td colspan="3">合计</td><td></td><td></td><td></td><td></td><td></td></tr>
</table>

附表 2-32

记 账 凭 证

年　月　日　　　　　　　　　　　　记字第　号

<table>
<tr><td rowspan="2">摘要</td><td rowspan="2">总账科目</td><td rowspan="2">明细科目</td><td rowspan="2">√</td><td colspan="10">借方金额</td><td rowspan="2">√</td><td colspan="10">贷方金额</td></tr>
<tr><td>千</td><td>百</td><td>十</td><td>万</td><td>千</td><td>百</td><td>十</td><td>元</td><td>角</td><td>分</td><td>千</td><td>百</td><td>十</td><td>万</td><td>千</td><td>百</td><td>十</td><td>元</td><td>角</td><td>分</td></tr>
<tr><td></td><td></td><td></td><td></td><td></td><td></td><td></td><td></td><td></td><td></td><td></td><td></td><td></td><td></td><td></td><td></td><td></td><td></td><td></td><td></td><td></td><td></td><td></td><td></td><td></td></tr>
<tr><td></td><td></td><td></td><td></td><td></td><td></td><td></td><td></td><td></td><td></td><td></td><td></td><td></td><td></td><td></td><td></td><td></td><td></td><td></td><td></td><td></td><td></td><td></td><td></td><td></td></tr>
<tr><td></td><td></td><td></td><td></td><td></td><td></td><td></td><td></td><td></td><td></td><td></td><td></td><td></td><td></td><td></td><td></td><td></td><td></td><td></td><td></td><td></td><td></td><td></td><td></td><td></td></tr>
<tr><td></td><td></td><td></td><td></td><td></td><td></td><td></td><td></td><td></td><td></td><td></td><td></td><td></td><td></td><td></td><td></td><td></td><td></td><td></td><td></td><td></td><td></td><td></td><td></td><td></td></tr>
<tr><td></td><td></td><td></td><td></td><td></td><td></td><td></td><td></td><td></td><td></td><td></td><td></td><td></td><td></td><td></td><td></td><td></td><td></td><td></td><td></td><td></td><td></td><td></td><td></td><td></td></tr>
<tr><td></td><td></td><td></td><td></td><td></td><td></td><td></td><td></td><td></td><td></td><td></td><td></td><td></td><td></td><td></td><td></td><td></td><td></td><td></td><td></td><td></td><td></td><td></td><td></td><td></td></tr>
<tr><td></td><td></td><td></td><td></td><td></td><td></td><td></td><td></td><td></td><td></td><td></td><td></td><td></td><td></td><td></td><td></td><td></td><td></td><td></td><td></td><td></td><td></td><td></td><td></td><td></td></tr>
<tr><td>合计</td><td></td><td></td><td></td><td></td><td></td><td></td><td></td><td></td><td></td><td></td><td></td><td></td><td></td><td></td><td></td><td></td><td></td><td></td><td></td><td></td><td></td><td></td><td></td><td></td></tr>
</table>

附单据　　张

会计主管　　　　记账　　　　出纳　　　　复核　　　　制证

附表 2–33

一车间制造费用分配表

年　　月

应借科目		生产工时(小时)	分配率	分配金额
总账科目	明细科目			
合计				

附表 2–34

制造费用分配汇总表

年　　月　　　　单位:元

车间名称	产品名称	分配金额
合计		

附表 2-35

记 账 凭 证

年　月　日　　　　　　　　　　记字第　号

摘要	总账科目	明细科目	√	借方金额										√	贷方金额									
				千	百	十	万	千	百	十	元	角	分		千	百	十	万	千	百	十	元	角	分
合计																								

附单据　张

会计主管　　记账　　出纳　　复核　　制证

附表 2-36

完工产品成本汇总表

年　月　　　　　　　　　　单位:元

产品名称	完工产品产量	直接材料	直接人工	制造费用	总成本	单位成本
合计						

附表 2-37

记 账 凭 证

年　月　日　　　　记字第　号

摘要	总账科目	明细科目	√	借方金额										√	贷方金额									
				千	百	十	万	千	百	十	元	角	分		千	百	十	万	千	百	十	元	角	分
合计																								

附单据　张

会计主管　　记账　　出纳　　复核　　制证

附表 3-1

材料费用分配汇总表

2020 年 10 月　　　　金额单位:元

产品批号	分配金额
201001 批	150 000.00
201002 批	120 000.00
201003 批	210 000.00
合计	480 000.00

会计主管　　记账　　复核　　制表

附表 3-2

职工薪酬费用分配汇总表

2020 年 10 月　　　　金额单位：元

产品批号	分配金额
201001 批	35 000.00
201002 批	15 000.00
201003 批	67 000.00
合计	117 000.00

会计主管　　　　记账　　　　复核　　　　制表

附表 3-3

基本生产成本明细账

产品批号：　　　　投产日期：

产品名称：　　　　批量：　　　　完工日期：

项目	原材料	职工薪酬费用	制造费用	合计

附表 3-4

基本生产成本明细账

产品批号：　　　　　　　　　　　　　　　　　　　投产日期：

产品名称：　　　　　　　　批量：　　　　　　　　完工日期：

项目	原材料	职工薪酬费用	制造费用	合计

附表 3-5

基本生产成本明细账

产品批号：201003　　　　　　　　　　　　　　　　投产日期：9月15日

产品名称：西京航空制服　　　　批量：800套　　　　完工日期：

项目	原材料	职工薪酬费用	制造费用	合计
月初在产品的成本	32 960.00	14 580.00	3 800.00	51 340.00

附表 3-6

记 账 凭 证

年　月　日　　　　　　　　记字第　号

摘要	总账科目	明细科目	√	借方金额										√	贷方金额									
				千	百	十	万	千	百	十	元	角	分		千	百	十	万	千	百	十	元	角	分
合计																								

附单据　张

会计主管　　　记账　　　出纳　　　复核　　　制证

附表 3-7

记 账 凭 证

年　月　日　　　　　　　　记字第　号

摘要	总账科目	明细科目	√	借方金额										√	贷方金额									
				千	百	十	万	千	百	十	元	角	分		千	百	十	万	千	百	十	元	角	分
合计																								

附单据　张

会计主管　　　记账　　　出纳　　　复核　　　制证

附表 3–8

制造费用分配汇总表

2020 年 10 月　　　　　　　　　　　　金额单位:元

产品批号	分配金额
201001 批	12 000.00
201002 批	8 000.00
201003 批	28 000.00
合计	48 000.00

会计主管　　　　记账　　　　复核　　　　制表

附表 3–9

记 账 凭 证

年　月　日　　　　　　　　　　记字第　号

摘要	总账科目	明细科目	√	借方金额										√	贷方金额									
				千	百	十	万	千	百	十	元	角	分		千	百	十	万	千	百	十	元	角	分
合计																								

附单据　张

会计主管　　　　记账　　　　出纳　　　　复核　　　　制证

附表 3-10

基本生产成本二级账

（各批产品总成本）

月	日	摘要	原材料	生产工时	职工薪酬费用	制造费用	成本合计
8	31	在产品			45 000.00	37 000.00	
9	30	本月发生			215 000.00	128 000.00	
9	30	累计					
	30	全部产品累计间接费用分配率					
	30	本月完工产品转出					
	30	月末在产品					

附表 3-11

基本生产成本明细账

订单号：2020701 批　　　　　　　　　　　　　　　　　　开工日期：2020 年 7 月

产品名称：女童真皮公主鞋　　　　批量：20 000 双　　　　完工日期：2020 年 9 月

2020 年		摘要	直接材料	生产工时	职工薪酬费用	制造费用	合计
月	日						
7	30	本月发生	25 000.00	3 000			
8	31	本月发生	148 000.00	5 500			
9	30	本月发生	450 000.00	8 500			
9	30	累计数及累计间接费用分配率					
9	30	本月转出完工产品成本					
9	30	完工产品单位成本					

附表 3–12

基本生产成本明细账

订单号:2020802 批　　　　开工日期:2020 年 8 月

产品名称:头层牛皮亲子鞋　　批量:3 500 双　　完工日期:2020 年 10 月

2020 年 月	日	摘要	直接材料	生产工时	职工薪酬费用	制造费用	合计
8	31	本月发生	135 000.00	1 500			
9	30	本月发生	85 000.00	3 500			

附表 3–13

基本生产成本明细账

开工日期:2020 年 8 月

订单号:2020803 批　　　　完工日期:2020 年 12 月

产品名称:PU 皮时尚彩虹女童鞋　　批量:20 000 双　　本月完工:5 000 双

2020 年 月	日	摘要	直接材料	生产工时	职工薪酬费用	制造费用	合计
8	31	本月发生	100 300.00	4 500			
9	30	本月发生	215 000.00	8 500			
		累计数及累计间接费用分配率	315 300.00				
		本月转出完工产品成本					
		完工产品单位成本					
		在产品					

注:直接材料按定额转出,每双材料消耗定额为 35.00 元;生产工时按定额工时,每双定额为 7.5 小时。

附表 3–14

基本生产成本明细账

订单号:2020804 批　　　　　　　　　　　　开工日期:2020 年 8 月

产品名称:软底牛皮休闲男童鞋　　　批量:5 000 双　　　完工日期:2020 年 9 月

2020 年 月	日	摘要	直接材料	生产工时	职工薪酬费用	制造费用	合计
8	31	本月发生	75 000.00	2 000			
9	30	本月发生	145 000.00	3 500			
9	30	累计数及累计间接费用分配率	220 000.00				
	30	本月转出完工产品成本	220 000.00				
	30	完工产品单位成本					

附表 3–15

基本生产成本明细账

订单号:2020901 批　　　　　　　　　　　　开工日期:2020 年 9 月

产品名称:韩版太阳花真皮女童鞋　　　批量:3 000 双　　　完工日期:2020 年 11 月

2020 年 月	日	摘要	直接材料	生产工时	职工薪酬费用	制造费用	合计
6	30	本月发生	95 000.00	3 000			

附表 4–1

产 量 记 录

产品名称:金星牌锅炉底座　　　2020 年 8 月　　　单位:套

项目	铸造车间	机加工车间	装配车间
本月投产	100	90	80
本月完工	90	80	70
月末在产品	10	10	10

附表 4-2

发料凭证汇总表

2020 年 8 月　　　　金额单位：元

领用部门及用途		用　途	原料及主要材料	燃料	外购标件	辅助材料	合　计
生产成本	铸造车间	生产锅炉底座	370 000.00	37 000.00	62 000.00	9 000.00	478 000.00
	机加工车间	生产锅炉底座			120 000.00		120 000.00
	装配车间	生产锅炉底座				168 000.00	168 000.00
辅助车间	修理车间	修理	40 000.00		6 800.00	2 000.00	48 800.00
	运输车间	运输				20 000.00	20 000.00
制造费用	铸造车间	机物料消耗	21 600.00			6 000.00	27 600.00
	机加工车间	机物料消耗	19 200.00			8 200.00	27 400.00
	装配车间	机物料消耗	18 000.00			4 600.00	22 600.00
合计			468 800.00	37 000.00	188 800.00	217 800.00	912 400.00

会计主管：　　　　记账：　　　　复核：王　忠　　　　制表：吴　梅

附表 4-3

职工薪酬费用分配表

2020 年 8 月　　　　金额单位：元

人员部门	人员类别	职工工资	职工福利费	合　计
铸造车间	产品生产工人	82 000.00	11 480.00	93 480.00
	车间管理人员	12 000.00	1 680.00	13 680.00
机加工车间	产品生产工人	50 000.00	7 000.00	57 000.00
	车间管理人员	15 000.00	2 100.00	17 100.00
装配车间	产品生产工人	30 000.00	4 200.00	34 200.00
	车间管理人员	10 000.00	1 400.00	11 400.00
修理车间	生产工人	18 000.00	2 520.00	20 520.00
运输车间	生产工人	8 000.00	1 120.00	9 120.00
合计		225 000.00	31 500.00	256 500.00

会计主管：　　　　记账：　　　　复核：王　忠　　　　制表：吴　梅

附表 4-4

固定资产折旧计算表

2020 年 8 月　　　　金额单位:元

使用部门	固定资产类别	固定资产原值	月折旧率	月折旧额
铸造车间	房屋及建筑物	1 260 000.00	0.9%	11 340.00
	机器设备	1 200 000.00	1.4%	16 800.00
	其他	800 000.00	0.8%	6 400.00
机加工车间	房屋及建筑物	2 240 000.00	0.9%	20 160.00
	机器设备	2 910 000.00	1.4%	40 740.00
	其他	900 000.00	0.8%	7 200.00
装配车间	房屋及建筑物	1 820 000.00	0.9%	16 380.00
	机器设备	620 000.00	1.4%	8 680.00
	其他	624 000.00	0.8%	4 992.00
修理车间	房屋及建筑物	418 000.00	0.9%	3 762.00
	机器设备	264 000.00	1.4%	3 696.00
运输车间	房屋及建筑物	280 000.00	0.9%	2 520.00
	机器设备	418 000.00	1.4%	5 852.00
合计		13 754 000.00		148 522.00

会计主管:　　　　记账:　　　　复核:王　忠　　　　制表:吴　梅

附表 4-5

产品成本计算单

车间:　　　　年　　月　　　　单位:元

摘要	直接材料	直接人工	制造费用	合计

会计主管　　　　记账　　　　复核　　　　制证

附表 4-6

产品成本计算单

车间：　　　　　　　　　　　　年　　月　　　　　　　　　　　　单位:元

摘要	直接材料	直接人工	制造费用	合计

会计主管　　　　　　　记账　　　　　　　复核　　　　　　　制证

附表 4-7

产品成本计算单

车间：　　　　　　　　　　　　年　　月　　　　　　　　　　　　单位:元

摘要	直接材料	直接人工	制造费用	合计

会计主管　　　　　　　记账　　　　　　　复核　　　　　　　制证

附表 4-8

记 账 凭 证

年　月　日　　　　　　　　记字第　号

摘要	总账科目	明细科目	√	借方金额										√	贷方金额									
				千	百	十	万	千	百	十	元	角	分		千	百	十	万	千	百	十	元	角	分
合计																								

附单据　张

会计主管　　　　记账　　　　出纳　　　　复核　　　　制证

附表 4-9

记 账 凭 证

年　月　日　　　　　　　　记字第　号

摘要	总账科目	明细科目	√	借方金额										√	贷方金额									
				千	百	十	万	千	百	十	元	角	分		千	百	十	万	千	百	十	元	角	分
合计																								

附单据　张

会计主管　　　　记账　　　　出纳　　　　复核　　　　制证

附表 4–10

记 账 凭 证

年　月　日　　　　　　　　记字第　号

摘要	总账科目	明细科目	√	借方金额										√	贷方金额									
				千	百	十	万	千	百	十	元	角	分		千	百	十	万	千	百	十	元	角	分
合计																								

附单据　张

会计主管　　　　记账　　　　出纳　　　　复核　　　　制证

附表 4–11

记 账 凭 证

年　月　日　　　　　　　　记字第　号

摘要	总账科目	明细科目	√	借方金额										√	贷方金额									
				千	百	十	万	千	百	十	元	角	分		千	百	十	万	千	百	十	元	角	分
合计																								

附单据　张

会计主管　　　　记账　　　　出纳　　　　复核　　　　制证

附表 4–12

记 账 凭 证

年　月　日　　　　记字第　号

摘要	总账科目	明细科目	√	借方金额										√	贷方金额									
				千	百	十	万	千	百	十	元	角	分		千	百	十	万	千	百	十	元	角	分
合计																								

附单据　张

会计主管　　记账　　出纳　　复核　　制证

附表 4–13

劳务供应情况表

2020 年 8 月

受益单位	机修工时数（小时）	运输里程（公里）
修理车间		1 000
运输车间	50	
小计	50	1 000
铸造车间	100	18 000
机加工车间	250	3 000
装配车间	150	3 000
小计	500	24 000
劳务供应量合计	550	25 000

附表 4–14

辅助生产成本明细账

车间：

日期	凭证字号	摘要	材料费	职工薪酬费用	折旧费	合计

附表 4–15

辅助生产成本明细账

车间：

日期	凭证字号	摘要	材料费	职工薪酬费用	折旧费	合计

附表 4–16

辅助生产费用分配表

（直接分配法）

年　　月　　　　　　　　　　　　　　　　　　　金额单位：元

受益对象	修理车间		运输车间		合计
	修理工时（小时）	费用	运输里程（公里）	费用	
待分配辅助生产费用及劳务数量					
费用分配率（单位成本）					
铸造车间					
机加工车间					
装配车间					
合计					

修理车间分配率 =

运输车间分配率 =

附表 4–17

记 账 凭 证

年　月　日　　　　　　　　　　　　　　　记字第　号

摘要	总账科目	明细科目	√	借方金额										√	贷方金额									
				千	百	十	万	千	百	十	元	角	分		千	百	十	万	千	百	十	元	角	分
合计																								

附单据　张

会计主管　　　　　记账　　　　　出纳　　　　　复核　　　　　制证

附表 4–18

制造费用明细账

车间：

日期	凭证字号	摘要	材料费	职工薪酬费用	折旧费	辅助费用	合计

附表 4–19

制造费用明细账

车间：

日期	凭证字号	摘要	材料费	职工薪酬费用	折旧费	辅助费用	合计

附表 4-20

制造费用明细账

车间：

日期	凭证字号	摘要	材料费	职工薪酬费用	折旧费	辅助费用	合计

附表 4-21

记 账 凭 证

年　月　日　　　　　　记字第　号

摘要	总账科目	明细科目	√	借方金额										√	贷方金额									
				千	百	十	万	千	百	十	元	角	分		千	百	十	万	千	百	十	元	角	分
合计																								

附单据　张

会计主管　　记账　　出纳　　复核　　制证

附表 4-22

记 账 凭 证

年　月　日　　　　　　　　记字第　号

摘要	总账科目	明细科目	√	借方金额										√	贷方金额									
				千	百	十	万	千	百	十	元	角	分		千	百	十	万	千	百	十	元	角	分
合计																								

附单据　张

会计主管　　　　记账　　　　出纳　　　　复核　　　　制证

附表 4-23

记 账 凭 证

年　月　日　　　　　　　　记字第　号

摘要	总账科目	明细科目	√	借方金额										√	贷方金额									
				千	百	十	万	千	百	十	元	角	分		千	百	十	万	千	百	十	元	角	分
合计																								

附单据　张

会计主管　　　　记账　　　　出纳　　　　复核　　　　制证

附表 4–24

记 账 凭 证

年 月 日 记字第 号

摘要	总账科目	明细科目	√	借方金额										√	贷方金额									
				千	百	十	万	千	百	十	元	角	分		千	百	十	万	千	百	十	元	角	分
合计																								

附单据 张

会计主管 记账 出纳 复核 制证

附表 4–25

产品成本计算单

车间： 年 月 单位：元

摘要	直接材料	直接人工	制造费用	合计
领用材料				
结转工资，计提福利费				
结转制造费用				
合计				
完工产品数量				
在产品约当产量（套）				
单位产品成本				
完工产品成本				
在产品成本				

会计主管 记账 复核 制证

附表 4-26

产品成本计算单

车间：　　　　　　　　　　　　年　　月　　　　　　　　　　　　单位:元

摘要	直接材料	直接人工	制造费用	合计
领用材料				
结转工资,计提福利费				
结转制造费用				
领用上一步骤半成品				
合计				
完工产品成本				
在产品成本				

会计主管　　　　　　记账　　　　　　复核　　　　　　制证

附表 4-27

产品成本计算单

车间：　　　　　　　　　　　　年　　月　　　　　　　　　　　　单位:元

摘要	直接材料	直接人工	制造费用	合计
领用材料				
结转工资,计提福利费				
结转制造费用				
领用上一步骤半成品				
合计				
完工产品成本				
在产品成本				
领用材料				

会计主管　　　　　　记账　　　　　　复核　　　　　　制证

附表 4-28

在产品约当产量计算表

产品名称：　　　　　　　　　　　　　　年　　月　　　　　　　　　　　　　　单位:套

项目		铸造车间	机加工车间	装配车间
本月投产				
本月完工				
月末在产品				
狭义在产品约当产量	按投料程度(100%)计算			
	按完工程度(50%)计算			
广义在产品约当产量	按投料程度计算			
	按完工程度计算			
约当总产量	按投料程度计算			
	按完工程度计算			

附表 4-29

产品成本计算单

车间：　　　　　　　　　　　　　　年　　月　　　　　　　　　　　　　　单位:元

摘要	直接材料	直接人工	制造费用	合计
领用材料				
结转工资,计提福利费				
结转制造费用				
合计				
约当总数量(套)				
单位产品成本				
计入产成品份额				
在产品成本				

会计主管　　　　　　　记账　　　　　　　复核　　　　　　　制证

附表 4-30

产品成本计算单

车间：　　　　　　　　　　　　　年　　月　　　　　　　　　　　　　单位:元

摘要	直接材料	直接人工	制造费用	合计
领用材料				
结转工资,计提福利费				
结转制造费用				
合计				
约当总数量(套)				
单位产品成本				
计入产成品份额				
在产品成本				

会计主管　　　　　　记账　　　　　　复核　　　　　　制证

附表 4-31

产品成本计算单

车间：　　　　　　　　　　　　　年　　月　　　　　　　　　　　　　单位:元

摘要	直接材料	直接人工	制造费用	合计
领用材料				
结转工资,计提福利费				
结转制造费用				
合计				
约当总数量(套)				
单位产品成本				
计入产成品份额				
在产品成本				

会计主管　　　　　　记账　　　　　　复核　　　　　　制证

附表 4-32

产品成本汇总计算表

产品名称：　　　　　　　　　　　　年　　月　　　　　　　　　　　　单位：元

车间	直接材料	直接人工	制造费用	产品总成本	产品单位成本

会计主管　　　　　　记账　　　　　　复核　　　　　　制证

附表 4-33

记 账 凭 证

年　月　日　　　　　　　　　　　　记字第　　号

摘要	总账科目	明细科目	√	借方金额										√	贷方金额									
				千	百	十	万	千	百	十	元	角	分		千	百	十	万	千	百	十	元	角	分
合计																								

附单据　　张

会计主管　　　　　　记账　　　　　　出纳　　　　　　复核　　　　　　制证

附表 5–1

产品生产情况通知单

2020 年 8 月 31 日

产品名称	单位	月初在产品	本月投产	本月完工	月末在产品	备注
24 W 节能灯泡	只	50 000	40 000	80 000	10 000	
36 W 节能灯泡	只	25 000	29 000	50 000	4 000	
18 W 节能灯泡	只	30 000	36 000	60 000	6 000	

附表 5–2

生产费用情况表

2020 年 8 月 31 日

项 目	直接材料	直接人工	制造费用	合计
月初在产品成本	693 000.00	244 320.00	301 600.00	1 238 920.00
本月生产费用	945 000.00	450 000.00	540 000.00	1 935 000.00
生产费用合计	1 638 000.00	694 320.00	841 600.00	3 173 920.00

附表 5–3

材料定额及工时定额表

2020 年 8 月 31 日

产品名称	材料消耗定额	工时消耗定额(小时)
24 W 节能灯泡	0.50	0.10
36 W 节能灯泡	0.70	0.12
18 W 节能灯泡	0.40	0.10

附表 5-4

系数计算表

年　　月　　日

产品名称	材料消耗定额	用料系数	工时消耗定额(小时)	工时系数
24 W 节能灯泡				
36 W 节能灯泡				
18 W 节能灯泡				

附表 5-5

标准产量计算表

类别:　　　　年　　月　　日

产品名称	产成品产量(只)	原材料				加工费用			
		用料系数	产成品折合标准产量	在产品实际数量	在产品折合标准产量	工时系数	产成品折合标准产量	在产品折合约当产量	在产品折合标准产量
合计									

附表 5–6

类别成本计算单

类别：　　　　　　　　　　　　　　　　　　年　　月　　日

项　　目	直接材料	直接人工	制造费用	合计
月初在产品成本				
本月生产费用				
生产费用合计				
产成品标准产品产量				
在产品标准产品产量				
标准产品产量合计				
费用分配率				
完工产品成本				
月末在产品成本				

附表 5–7

类内产品成本计算单

类别：　　　　　　　　　　　　　　　　　　年　　月　　日

项目	原材料标准产量（耗材总系数）	工时标准产量（工时总系数）	直接材料	直接人工	制造费用	合计
费用分配率						
24 W 节能灯泡						
36 W 节能灯泡						
18 W 节能灯泡						
合计						

附表 5-8

记 账 凭 证

年 月 日　　　　记字第 号

摘要	总账科目	明细科目	√	借方金额										√	贷方金额									
				千	百	十	万	千	百	十	元	角	分		千	百	十	万	千	百	十	元	角	分
合计																								

附单据 张

会计主管　　记账　　出纳　　复核　　制证

附表 5-9

类别成本计算单

类别:LED 节能灯类　　　　2020 年 8 月 31 日

项目	直接材料	直接人工	制造费用	合计
月初在产品成本	693 000.00	244 320.00	301 600.00	1 238 920.00
本月生产费用	945 000.00	450 000.00	540 000.00	1 935 000.00
生产费用合计	1 638 000.00	694 320.00	841 600.00	3 173 920.00
完工产品成本	1 485 000.00	660 000.00	800 000.00	2 945 000.00
月末在产品成本	153 000.00	34 320.00	41 600.00	228 920.00

附表 5–10

类内产品成本计算单

年　月　日

项目	产量	材料消耗定额	材料消耗定额总量	定额工时	定额工时总额	直接材料	直接人工	制造费用	合计
①	②	③	④=②×③	⑤	⑥=②×⑤	⑦=④×分配率	⑧=⑥×分配率	⑨=⑥×分配率	⑩
费用分配率									
24 W 节能灯泡									
36 W 节能灯泡									
18 W 节能灯泡									
合计									

直接材料费用分配率 =

直接人工费用分配率 =

制造费用分配率 =

附表 6-1

产品生产成本表（按产品品种反映）

编制单位：　　　　　　　　年　　月　　　　　　　　单位：元

产品名称	规格	计量单位	产量		单位成本				本月总成本			本年累计总成本		
			本月实际	本年累计	上年实际平均	本年计划	本月实际	本年实际平均	按上年实际平均单位成本计算	按本年计划单位成本计算	本月实际	按上年实际平均单位成本计算	按本年计划单位成本计算	本年实际
			①	②	③	④	⑤=⑨÷①	⑥=⑫÷②	⑦=①×③	⑧=①×④	⑨	⑩=②×③	⑪=②×④	⑫
可比产品合计														
其中：甲产品		台	300	1 500	205.00	205.00	204.00	205.00						
乙产品		台	400	2 000	203.00	201.00	200.00	202.00						
不可比产品合计														
其中：丙产品		台	200	800		780.00	800.00	801.00						
产品生产成本合计														

补充资料：(1) 可比产品成本降低额________元。

(2) 可比产品成本降低率________%。

(3) 按现行价格计算的商品产值 2 070 000.00 元。

(4) 产值成本率________元 / 百元。

附表 6–2

产品成本计算单

完工产品:300 台

产品:甲产品　　2020 年 8 月　　在产品:50 台

项目		直接材料	直接人工	制造费用	合计
月初在产品成本		6 150.00	2 460.00	3 660.00	12 270.00
本月生产费用		29 550.00	12 065.00	17 515.00	59 130.00
生产费用合计		35 700.00	14 525.00	21 175.00	71 400.00
完工产品成本	总成本	30 600.00	12 450.00	18 150.00	61 200.00
	单位成本	102.00	41.50	60.50	204.00
月末在产品成本		5 100.00	2 075.00	3 025.00	10 200.00

会计主管:　　记账:　　复核:　　制表:

附表 6–3

主要产品单位成本表

编制单位:宝岛公司　　2020 年 7 月

产品名称:甲产品　　规格:　　计量单位:台　　销售单价:350.00 元

本月计划产量			280	本月实际产量		300
本年累计计划产量			1 120	本年累计实际产量		1 200
成本项目		历史先进水平	上年实际平均	本年计划	本月实际	本年实际平均
直接材料		102.00	102.00	102.50	102.50	102.60
直接人工		41.00	41.00	41.50	41.00	40.90
制造费用		60.00	62.00	61.00	61.00	61.80
产品单位成本		203.00	205.00	205.00	204.50	205.30
主要技术经济指标	单位	历史先进水平耗用量	上年实际平均耗用量	本年计划耗用量	本月实际耗用量	本年累计实际平均耗用量

注:每月计划产量均为 280 台。

附表 6-4

主要产品单位成本表

编制单位：　　　　　　　　　　　　　　　　年　月

产品名称：　　　　　　　规格：　　　　　计量单位：　　　　　　　　销售单价：元

本月计划产量				本月实际产量		
本年累计计划产量				本年累计实际产量		
成本项目		历史先进水平	上年实际平均	本年计划	本月实际	本年实际平均
直接材料						
直接人工						
制造费用						
产品单位成本						
主要技术经济指标	单位	历史先进水平耗用量	上年实际平均耗用量	本年计划耗用量	本月实际耗用量	本年累计实际平均耗用量

注：每月计划产量均为 280 台。

附表 6-5

制造费用明细表

编制单位：宝岛公司　　　　　　　　2020 年 7 月　　　　　　　　单位：元

项目	本月计划数	上年同期实际数	本月实际数	本年累计实际数
职工薪酬费用	（略）	（略）	32 422.80	129 691.20
折旧费			10 807.60	43 230.40
修理费			16 211.40	64 845.60
办公费			5 403.80	21 615.20
水电费			19 453.68	77 814.72
机物料消耗			1 621.14	6 484.56
劳动保护费			1 080.76	4 323.04
租赁费			17 292.16	69 168.64
其他			3 782.66	15 130.64
制造费用合计			108 076.00	432 304.00

附表 6–6

制造费用明细账

车间名称：

日期	凭证字号	摘要	借方发生额	职工薪酬费用	折旧费	修理费	办公费	水电费	机物料消耗	劳动保护费	租赁费	其他
8.31	略	承前页	117 968.40	35 748.00	11 916.00	17 874.00	5 958.00	21 448.80	1 787.40		19 065.60	4 170.60
8.31		购劳保用品	1 191.60							1 191.60		
8.31		本月合计	119 160.00	35 748.00	11 916.00	17 874.00	5 958.00	21 448.80	1 787.40	1 191.60	19 065.60	4 170.60
8.31		分配转出	119 160.00	35 748.00	11 916.00	17 874.00	5 958.00	21 448.80	1 787.40	1 191.60	19 065.60	4 170.60

附表 6–7

制造费用明细表

编制单位：　　　　　　　　　　　　　年　　月　　　　　　　　　　　　单位：元

项目	本月计划数	上年同期实际数	本月实际数	本年累计实际数
职工薪酬费用	35 800.00	（略）		
折旧费	11 916.00			
修理费	17 000.00			
办公费	6 000.00			
水电费	20 000.00			
机物料消耗	1 700.00			
劳动保护费	1 100.00			
租赁费	19 065.60			
其他	4 200.00			
制造费用合计	116 781.60			

附表 6–8

全部产品生产成本分析表（实际比计划）

编制单位：　　　　　　　　　　　　　年　　月　　　　　　　　　　　　单位：元

产品名称	本年累计总成本		实际成本与计划成本对比	
	按本年计划单位成本计算	本年实际	成本降低额	成本降低率（%）
可比产品合计				
其中：甲产品				
乙产品				
不可比产品合计				
其中：丙产品				
产品生产成本合计				

附表 6–9

甲产品单位成本分析表

成本项目	上年实际平均	本年计划	本年实际平均	本年实际比上年实际		本年实际比本年计划	
				降低额	降低率（%）	降低额	降低率（%）
直接材料							
直接人工							
制造费用							
产品单位成本							

附表 6–10

制造费用分析表

编制单位： 年 月 单位：元

项目	本月计划数	本月实际数	实际比计划升降额
职工薪酬费用			
折旧费			
修理费			
办公费			
水电费			
机物料消耗			
劳动保护费			
租赁费			
其他			
制造费用合计			

“十二五”职业教育国家规划立项教材书目

书号	书名	主编	定价
978-7-04-053072-8	会计基本技能(第二版)	关　红	24.10
978-7-04-054006-2	会计基本技能强化训练(第二版)	关　红	19.20
978-7-04-054045-1	会计基础(第二版)	杜怡萍	33.10
978-7-04-055279-9	会计基础学习指导与练习(第二版)	梁延萍	
978-7-04-048723-7	出纳实务	刘　健	26.10
978-7-04-054274-5	出纳实务同步训练	刘　健	15.30
978-7-04-049443-3	企业会计实务	徐　俊	43.00
978-7-04-050980-9	企业会计实务学习指导与练习	梁健秋	28.90
978-7-04-054134-2	税费计算与缴纳(第二版)	陈　琰	27.70
978-7-04-055533-2	税费计算与缴纳同步训练(第二版)	陈　琰	
978-7-04-049324-5	纳税实务(第四版)	乔梦虎	49.40
978-7-04-047022-2	会计电算化(畅捷通 T3 版)	韩　林	28.90
978-7-04-047908-9	会计电算化同步训练(畅捷通 T3 版)	韩　林	19.20
978-7-04-051989-1	会计实务操作(第二版)	朱玲娇	41.00
978-7-04-053440-5	企业会计模拟实习	朱玲娇	35.10
978-7-04-054165-6	成本业务核算(第二版)	詹朝阳	33.00
978-7-04-055535-6	成本业务核算同步训练(第二版)	詹朝阳	32.30
978-7-04-	统计信息整理与应用	张寒明	
978-7-04-048691-9	收银实务(第三版)	于家臻	21.30
978-7-04-054908-9	收银实务同步训练	于家臻	
978-7-04-054135-9	财经法规与会计职业道德(第二版)	韩　菲	32.10
978-7-04-	财经法规与会计职业道德学习指导与练习(第二版)	余　琼、韩　菲	
978-7-04-048159-4	财经应用文写作	柳胜辉	25.50
978-7-04-051925-9	财经应用文写作同步训练	柳胜辉、何　茹	23.70
978-7-04-050145-2	财经文员实务	林　晓	28.60
978-7-04-	会计电算化(T3 云平台)(第二版)	曹小红	26.00
978-7-04-047692-7	会计电算化上机指导(畅捷通 T3 版)	曹小红	17.80
978-7-04-028745-5	Excel 在会计中的应用(第三版)	孙万军	22.70
978-7-04-049106-7	涉税业务信息化处理	马　明	29.10
978-7-04-	会计实务信息化操作(第二版)	曾红卫	33.40
978-7-04-047239-4	成本核算信息化处理	张建强	29.40

中等职业教育国家规划教材及其配套教学用书

书号	书名	主编	定价
978-7-04-050920-5	基础会计(第5版)	陈伟清、张玉森	32.00
978-7-04-050907-6	基础会计习题集(第5版)	陈伟清、张玉森	34.50
978-7-04-050868-0	基础会计实训(第3版)	杨　蕊	28.00
978-7-04-049496-9	财政与金融基础知识(第3版)	彭明强	28.10
978-7-04-050336-9	财政与金融基础知识同步训练	彭明强	19.80
978-7-04-047645-3	税收基础(第5版)	陈洪法	24.10
978-7-04-048445-8	税收基础同步训练	陈洪法	27.00
978-7-04-050525-2	经济法律法规(第4版)	李新霞	26.70
978-7-04-051924-2	经济法律法规同步训练	李新霞	22.70
978-7-04-051239-7	统计基础知识(第4版)	娄庆松	23.80
978-7-04-033632-0	统计基础知识习题集(第3版)(附光盘)	娄庆松	22.40
978-7-04-039596-9	统计基础实训(第2版)	娄庆松	16.50
978-7-04-049938-4	企业财务会计(第5版)	杨　蕊、梁健秋	36.60
978-7-04-050406-4	企业财务会计同步训练	梁健秋	32.60
978-7-04-052652-3	企业财务会计实训(第3版)	杨　蕊	39.00
978-7-04-035081-4	财务管理(第4版)	张海林	22.90
978-7-04-039403-0	财务管理习题集(第4版)(附光盘)	张海林	27.20
978-7-04-027340-3	政府与非营利组织会计(第2版)	尹玲燕、杨常青	17.60
978-7-04-027341-0	政府与非营利组织会计学习指导与练习(附光盘)	尹玲燕	17.90
978-7-04-051880-1	审计基础知识(第3版)	周海彬	24.70
978-7-04-052894-7	审计基础知识同步训练	周海彬	20.90
978-7-04-051879-5	会计模拟实习(第4版)	陈红文、许长华	58.00
978-7-04-051256-4	会计单项模拟实习(第3版)	马　明、许长华	39.50
978-7-04-051255-7	会计综合模拟实习(第3版)	林　宏、许长华	33.40
978-7-04-053026-1	会计实务操作(第3版)	杨　蕊	40.50
978-7-04-050906-8	出纳会计实务(第3版)	林云刚、华秋红	22.70
978-7-04-052910-4	出纳会计实务操作(第2版)	林云刚	22.10
978-7-04-021101-6	会计英语(附光盘)	许长华	20.90
978-7-04-033068-7	成本会计(第3版)	詹朝阳	23.70
978-7-04-054097-0	成本会计同步训练	詹朝阳	20.60
978-7-04-014970-8	初等管理会计	金　萍	19.90
978-7-04-050323-4	商品流通企业会计(第4版)	张立波	30.90
978-7-04-051876-4	商品流通企业会计习题集(第4版)	张立波	26.10
978-7-04-054843-3	商品流通企业会计实训(第3版)	张立波	30.10

郑重声明

高等教育出版社依法对本书享有专有出版权。任何未经许可的复制、销售行为均违反《中华人民共和国著作权法》，其行为人将承担相应的民事责任和行政责任；构成犯罪的，将被依法追究刑事责任。为了维护市场秩序，保护读者的合法权益，避免读者误用盗版书造成不良后果，我社将配合行政执法部门和司法机关对违法犯罪的单位和个人进行严厉打击。社会各界人士如发现上述侵权行为，希望及时举报，我社将奖励举报有功人员。

反盗版举报电话　（010）58581999　58582371

反盗版举报邮箱　dd@hep.com.cn

通信地址　北京市西城区德外大街4号　高等教育出版社法律事务部

邮政编码　100120

读者意见反馈

为收集对教材的意见建议，进一步完善教材编写并做好服务工作，读者可将对本教材的意见建议通过如下渠道反馈至我社。

咨询电话　400-810-0598

反馈邮箱　zz_dzyj@pub.hep.cn

通信地址　北京市朝阳区惠新东街4号富盛大厦1座
　　　　　高等教育出版社总编辑办公室

邮政编码　100029

防伪查询说明

用户购书后刮开封底防伪涂层，使用手机微信等软件扫描二维码，会跳转至防伪查询网页，获得所购图书详细信息。

防伪客服电话

（010）58582300

学习卡账号使用说明

一、注册/登录

访问http://abook.hep.com.cn/sve，点击“注册”，在注册页面输入用户名、密码及常用的邮箱进行注册。已注册的用户直接输入用户名和密码登录即可进入“我的课程”页面。

二、课程绑定

点击“我的课程”页面右上方“绑定课程”，在“明码”框中正确输入教材封底防伪标签上的20位数字，点击“确定”完成课程绑定。

三、访问课程

在“正在学习”列表中选择已绑定的课程，点击“进入课程”即可浏览或下载与本书配套的课程资源。刚绑定的课程请在“申请学习”列表中选择相应课程并点击“进入课程”。

如有账号问题，请发邮件至：4a_admin_zz@pub.hep.cn。